SPANISH 3

ACTIVITIES MANUAL

TEACHER'S EDITION

BJU PRESS

Greenville, South Carolina

Note:
The fact that materials produced by other publishers may be referred to in this volume does not constitute an endorsement of the content or theological position of materials produced by such publishers. Any references and ancillary materials are listed as an aid to the student or the teacher and in an attempt to maintain the accepted academic standards of the publishing industry.

SPANISH 3 ACTIVITIES MANUAL
Teacher's Edition

Coordinating Authors
Virginia R. Layman
Ma. Esther Luna Hernández
L. Michelle Rosier

Project Manager
Terry Latini

Project Editor
Adrianne M. Utt

Designer
Dan VanLeeuwen

Cover
Elly Kalagayan

Illustrators
Tim Banks
Paula Cheadle
Preston Gravely
Mary Ann Lumm
Kathy Pflug

Composition
Milthon Martínez-Jiménez

Photo Acquisition
Joyce Landis

Photo credits appear on page 124.

Pasajes bíblicos tomados de la Biblia Reina-Valera Revisada © 1960 Sociedades Bíblicas en América Latina. © renovado 1988 Sociedades Bíblicas Unidas. Usado con permiso.

Produced in cooperation with the Bob Jones University Department of Modern Languages of the College of Arts and Science, the School of Education, Bob Jones Academy, and BJ LINC.

ISBN 978-1-57924-609-9
15 14 13 12 11 10 9 8 7 6 5 4 3

Contents

To the Teacher

Because an experienced language instructor is not always available, the Teacher's Edition of the SPANISH 3 **Activities Manual** is especially designed to benefit the instructor who is unfamiliar with the Spanish language. English translations of instructions and activities are provided where they are necessary to aid the teacher in understanding and in guiding the student's comprehension of the material.

Each titled activity corresponds with the lessons in the textbook and is designed to reinforce the concepts taught in that lesson.

A variety of activities not directly related to the lessons is included to broaden the student's communication skills. Several activities require the use of a Spanish-English dictionary and/or a Spanish Bible. The student should be informed beforehand if the teacher chooses to require Scripture and vocabulary memorization for the activities.

Though all activities are useful tools for reinforcing lessons from the textbook, their design is flexible enough to accommodate the teacher's preference. The teacher may adapt the activities for the needs of the student. If the student grasps Spanish easily, the teacher may require the student to complete all the activities. If the student struggles with basic tasks, the teacher may choose not to assign the more difficult activities that require an abundance of vocabulary memorization.

Capítulo Uno ⟨ ⟩⟨ ⟩⟨ ⟩⟨ ⟩⟨ ⟩⟨ ⟩⟨ ⟩⟨ ⟩⟨ ⟩⟨ ⟩⟨ ⟩⟨ ⟩⟨ ⟩
(Chapter 1)

Los Versículos *(Verses)*

Rellene los espacios para completar Juan 14:6. (Escriba la palabra que falta.)
(Fill in the spaces [blanks] to complete John 14:6. Write the missing words.)

Jesús le ___*dijo*___: Yo ___*soy*___ el camino, y la ___*verdad*___, y la vida;

___*nadie*___ viene al ___*Padre*___, sino ___*por*___ ___*mí*___.

Escriba Proverbios 9:10 de memoria. *(Write Proverbs 9:10 from memory.)*

El temor de Jehová es el principio de la sabiduría, Y el conocimiento del Santísimo es la

inteligencia.

Lección 1 *(Lesson 1)*

Vocabulario *(Vocabulary)*

Traduzca. *(Translate.)*

about	**1.** acerca de
age	**2.** edad
home, hearth	**3.** hogar
hell	**4.** infierno
memorize	**5.** memorizar
to be born	**6.** nacer
sinner	**7.** pecador
our Father	**8.** Padre nuestro
your love	**9.** tu amor
salvation	**10.** salvación
We beg/ask you (this)	**11.** Te lo suplicamos
estaciones	**12.** seasons
campesinos	**13.** country people
meses	**14.** months
Hace buen tiempo.	**15.** It is nice weather.

Llueve. or *Está lloviendo.*	**16.** It is raining.
Hay niebla.	**17.** It is foggy.
Está mojado.	**18.** It is wet.

Composición *(Composition)*

Compose a prayer about your friend's family, including unsaved relatives and a sister or brother who is sick.

Por ejemplo: *(For example:)*

Padre santo, te pido que bendigas a la familia de mi amigo Julián. Te pido por su abuelita; obra en su corazón para que pronto ella sea salva. También te pido por su hermana Jazmín que está enferma, que tú la sanes pronto. Te doy gracias por tu amor. En el nombre de Jesús te lo ruego. Amén.

(Holy Father, I ask You to bless the family of my friend Julian. I ask in behalf of his grandmother; work in her heart so she will soon be saved. I also ask for his sister Jasmine who is sick that You will heal her soon. I thank You for Your love. In the name of Jesus I ask You. Amen.)

Lección 1 *(Lesson 1)*

Crucigrama *(Crossword Puzzle)*

Horizontal
- 3. age
- 5. to raise; lift
- 7. hell
- 8. home; hearth
- 10. to be born

Vertical
- 1. to memorize
- 2. sinner
- 4. heart
- 5. to carry
- 6. meanwhile
- 9. to work

Crossword solution:

1 Down: MEMORIZAR
2 Down: PECADOR
3 Across: EDAD
4 Down: CORAZÓN
5 Across: LEVANTAR / 5 Down: LLEVAR
6 Down: MIENTRAS
7 Across: INFIERNO
8 Across: HOGAR / 9 Down: OBRAR
10 Across: NACER

Crucigrama: Las Estaciones y el Tiempo *(Crossword Puzzle: Seasons and Weather)*

Horizontal

4. March
6. country people
8. It is windy. (_____ viento.)
9. leaf
10. lightning
13. sea
14. October
16. birds
17. winter
19. north
21. fog
24. rain
25. west
26. east

Vertical

1. summer
2. It is sunny. (Hace _____.)
3. to be hungry
5. beach
7. August
11. It is damp. (Está _____.)
12. sand
15. December
18. wind
20. to snow
22. lake
23. cloud

Lección 2 *(Lesson 2)*

Vocabulario *(Vocabulary)*

Traduzca. *(Translate.)*

to consent, assent	**1.** asentir
knowledge, knowing	**2.** conocimiento (from Proverbs 9:10)
to realize that	**3.** darse cuenta que
event	**4.** acontecimiento
after insisting so much	**5.** después de tanto insistir
far from	**6.** lejos de
to move	**7.** mudarse
to try to	**8.** tratar de

Dictado *(Dictation)*

Listen to the passage carefully. It will be read at normal speed several times. Write what you hear on a separate sheet of paper; check spelling and accent marks. If you need to hear the selection again, wait until the teacher asks for questions.

Read the following excerpt from Lección 1, "Paulina."

Al terminar la historia, la maestra preguntó que si había algún niño o niña que quisiera aceptar al Señor Jesucristo en su corazón. Ella dijo que ahora era la oportunidad. Yo levanté la mano para recibir ayuda y una señorita me explicó cómo obtener el perdón de mis pecados. Esa noche a la edad de siete años Dios me dio la vida eterna.

Cuestionario: Mis Tíos Raros *(Questions: My Strange Aunt and Uncle)*

Answers should be in complete sentences unless otherwise indicated.

1. ¿Cómo es la tía Rita? *(What is Aunt Rita like?)*

Ella es gorda, rica, rara y siempre tiene

calor.

_____

_____

2. ¿Cómo es el tío Alfredo? *(What is Uncle Alfredo like?)*

Es flaco, rico, raro y siempre tiene frío.

_____

_____

_____

3. A ellos, ¿qué les gusta? *(What do they enjoy?)*

Les gusta viajar por todo el mundo.

4. ¿Por qué fue a Argentina el tío Alfredo? *(Why did Uncle Alfred go to Argentina?)*

El tío Alfredo quiso ver a los gauchos famosos.

5. A Rita, ¿le gustó Acapulco y por qué? *(Did Rita like Acapulco and why?)*

No le gustó Acapulco porque cada día hacía sol y calor. (Student could include,

"La pobre tía Rita se quedaba en el hotel con el aire acondicionado".)

6. Ahora, ¿en qué país viven ellos y dónde está la casa? *(Now, in which country do they live, and where is the house located?)*

Ellos viven en Ecuador y la casa está a la mitad de una montaña.

7. ¿Qué encontraron los dos? *(What did the two find?)*

El tío Alfredo se encontró con muchos campesinos amables en el valle y la tía

encontró a cuatro amigas en el cumbre de la montaña.

Lección 3 *(Lesson 3)*

Vocabulario *(Vocabulary)*

Traduzca. *(Translate.)*

alivio	**1.** relief
cosecha	**2.** crop
lograr	**3.** to obtain
juntos	**4.** together
quedarse	**5.** to stay
saludos	**6.** greetings
tampoco	**7.** neither

Dictado *(Dictation)*

Listen to the passage carefully. It will be read at normal speed several times. Write what you hear on a separate sheet of paper; check spelling and accent marks. If you need to hear the selection again, wait until the teacher asks for questions.	*Read the following excerpt from Lección 2, "El Padre de Paulina."* *Un día en un pueblo cerca de San Vicente, mi papá conoció a mi mamá. Cuando ellos decidieron casarse mi papá tenía diecinueve años de edad. Mi papá y mi mamá continuaron viviendo en San Vicente. Ellos tuvieron cuatro hijos y dos hijas.*

Lecciones 1-3 *(Lessons 1-3)*

Cuestionario *(Questions)*

Answers should be in complete sentences unless otherwise indicated.

1. ¿Qué historia se encuentra en Lucas 7:36-50? *(What story is found in Luke 7:36-50?)*
   En Lucas 7:36-50 se encuentra la historia de la mujer pecadora.

2. ¿Asistía Ud. a las clases para niños cuando era pequeño(a)? ¿Qué hacía?
   (Did you attend children's classes when you were small? What did you do?)
   Answers will vary. Sí, asistía a las clases para niños. En las clases cantábamos coros,
   escuchábamos historias bíblicas. . . . No asistía a las clases para niños.

3. ¿Cuándo nació Ud.? *(When were you born?)*
   Answers will vary. Nací el 21 de junio de 1987.

4. ¿Cuál es la religión de la mayoría de la gente en su país? (el catolicismo, el budismo, el mormonismo, el protestantismo, el islamismo, el cristianismo)
   (Of what religion are the majority of people in your country?)
   Answers will vary. La religión de la mayoría de la gente en mi país es el catolicismo.

5. ¿Quiénes están destinados al infierno? *(Who are destined for hell?)*
   Los pecadores están destinados al infierno.

6. El pastor Cecilio vive en el estado de Carolina del Sur. ¿En qué estado vive usted? *(Pastor Cecilio lives in South Carolina. What state do you live in?)*
   Answers will vary. Vivo en el estado de Carolina del Norte.

7. ¿Con quiénes se hospeda Ud. cuando sale de viaje? *(With whom do you stay when you travel?)*
   Possible answers: Me hospedo con mis amigos. Me hospedo en el hotel.

8. ¿Quiénes escriben a su mamá? *(Who writes to your mom?)*

   Possible answers: Mis hermanas escriben a mi mamá. Mis tíos escriben a mi mamá.

   Sus amigas escriben a mi mamá.

Capítulo Dos ⟨ ✗ ✗ ✗ ✗ ✗ ✗ ✗ ✗ ✗ ✗ ✗ ✗ ✗ ✗ ⟩
(Chapter 2)

Los Versículos *(Verses)*

Rellene los espacios para completar Romanos 12:1.
(Fill in the spaces [blanks] to complete Romans 12:1.)

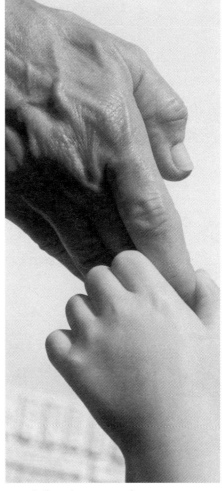

Así ___que___, ___hermanos___, os ruego ___por___ las

misericordias ___de___ Dios, ___que___ ___presentéis___

vuestros ___cuerpos___ en sacrificio ___vivo___,

santo, ___agradable___ a ___Dios___, que ___es___

vuestro ___culto___ racional.

Escriba Jeremías 31:3 de memoria.
(Write Jeremiah 31:3 from memory.)

Jehová se manifestó a mí hace ya mucho tiempo,

diciendo: Con amor eterno te he amado; por tanto,

te prolongué mi misericordia.

Lección 4 *(Lesson 4)*

Cuestionario *(Questions) Answers will vary.*

Answers should be in complete sentences unless otherwise indicated.

1. ¿Cuánto tiempo dedica al estudio de español? *(How much time do you spend [dedicate to] studying Spanish?)*
   Dedico tres horas a la semana al estudio de español.

2. ¿Cuántas horas camina para llegar al templo? *(How many hours does it take you to get to church?)*
   Possible answers: Camino una hora para llegar al templo. Camino veinte minutos

   para . . .

3. ¿Qué hace su papá en las vacaciones? *(What does your dad do on vacation?)*

   En las vacaciones mi papá visita a sus familiares.

4. Escriba en español uno de sus versículos favoritos. *(Write in Spanish one of your favorite verses.)*

_____

_____

5. Escriba un párrafo breve de "Los Valientes Imperfectos" con las palabras siguientes: gatito, enojarse, parecer, tener miedo, valiente, gallo, cantar. *(Write a short paragraph about "The Imperfect Valiant Ones" with the following words: . . .)*

_____

_____

Los Verbos: El Imperfecto *(Verbs: Imperfect Tense)*

Conjugue en el imperfecto los verbos siguientes: jugar, barrer y salir.
(Conjugate in the imperfect tense the following verbs: . . .)

Or have the student use the space to write the verbs in sentences using imperfect tense.

jugaba	jugábamos
jugabas	jugabais
jugaba	jugaban
barría	barríamos
barrías	barríais
barría	barrían
salía	salíamos
salías	salíais
salía	salían

Los Verbos: El Presente Perfecto *(Verbs: Present Perfect Tense)*

Conjugue en el presente perfecto los verbos siguientes: preguntar, querer y volver. *(Conjugate in the present perfect tense the following verbs: . . .)*

Or have the student write the verbs in sentences using present perfect tense.

he preguntado	hemos preguntado
has preguntado	habéis preguntado
ha preguntado	han preguntado
he querido	hemos querido
has querido	habéis querido
ha querido	han querido

he vuelto	hemos vuelto
has vuelto	habéis vuelto
ha vuelto	han vuelto

Los Verbos: Irregular Past Participles *(Verbs)*

Traduzca. *(Translate.)*

1. El general MacArthur dijo, "Yo volveré". Cuando Los Estados Unidos ganaron la guerra, el general fue a las islas Filipinas y declaró, "¡Yo he vuelto!"

   General MacArthur said, "I shall return." When the United States won the war, the

   general went to the Philippine Islands and declared, "I have returned!"

2. Have you seen the bucket?

   ¿Has visto la cubeta? or ¿Ha visto Ud. la cubeta?

3. The giant has broken *(fracturar)* his finger.

   El gigante se ha fracturado el dedo.

4. Where have you placed the map?

   ¿Dónde ha (has) puesto el mapa?

5. The little flower has died.

   La flor pequeña ha muerto.

6. Juan 19:22 dice, "Respondió Pilato: Lo que he escrito, he escrito".

   John 19:22 says, "Pilate answered: What I have written, I have written."

7. The roof has not fallen. (reflexive)

   El techo no se ha caído.

Dictado *(Dictation)*

Listen to the passage carefully. It will be read at normal speed several times. Write what you hear on a separate sheet of paper; check spelling and accent marks. If you need to hear the selection again, wait until the teacher asks for questions.

Read the following excerpt from Lección 4, "Los Valientes Imperfectos."

La criada adentro de la hacienda llevaba agua sucia en una cubeta. Ella tiró el agua por la ventana y nunca vio el drama en el patio. Los dos animales estaban cubiertos con el agua sucia. El gallo mojado voló al techo y se enojó con la criada. El gatito corrió otra vez adentro de la hacienda en donde se lavó. Ahí estaba contento y se quedó adentro hasta que llegó a ser grande.

Vocabulario: El Padre de Paulina y Los Valientes Imperfectos
(Vocabulary: Paulina's Dad and the Imperfect Valiant Ones)
Traduzca. *(Translate.)*

a cargo de	1. in charge of
where they attended	2. al cual asistían
as was expected	3. como era de esperarse
they were against him	4. estaban en su contra
perdido	5. lost, wasted
sastrería	6. tailoring
espiar	7. to spy
hacerse	8. to make oneself
parecer	9. to seem
techo	10. roof
tener miedo	11. to be afraid
al oír	12. on hearing
ambos	13. both

Los Valientes Imperfectos: El Presente Perfecto
(The Imperfect Valiant Ones: Present Perfect)

Look at the story, "Los Valientes Imperfectos." Find the missing verbs and change them to the present perfect tense. Be prepared to read aloud the revised story.

Un gallo magnífico _____*ha pavoneado*_____ por el patio. Él no

_____*ha temido*_____ nada. Al oír otro gallo del vecino, éste

_____*ha empezado*_____ a cantar en voz alta.

Un gatito gris _____*ha corrido*_____ por la hacienda. _____*Ha oído*_____

la canción del gallo y no _____*ha sabido*_____ de dónde

_____ *ha venido* _____ este ruido.

"¿ _____ *Ha sido* _____ un monstruo?",

_____ *ha pensado* _____ el gatito.

Por supuesto este gatito

_____ *ha sido* _____ curioso, y

_____ *ha querido* _____ ver lo que

tanto _____ *ha cantado* _____ .

_____ *Ha andado* _____ furtiva-

mente hacia el ruido.

El gatito _____ *ha llegado* _____ al patio

y _____ *ha espiado* _____ al "monstruo". Al

mismo tiempo el gallo lo _____ *ha visto* _____ .

Entonces ambos se _____ *han acercado* _____ . El gallo se

_____ *ha puesto* _____ nervioso, pero _____ *ha querido* _____ espantar al

animalito gris. Se _____ *ha acercado* _____ con el pico abierto.

El pobre gatito _____ *ha tratado* _____ de hacerse grande y su pelo se

_____ *ha levantado* _____ por todo su pequeño cuerpo.

_____ *Ha tenido* _____ mucho miedo pero _____ *ha continuado* _____

acercándose al gallo, que ahora _____ *ha parecido* _____ gigante.

La criada adentro de la hacienda _____ *ha llevado* _____ agua sucia en una

cubeta. Ella _____ *ha tirado* _____ el agua por la ventana, y nunca

_____ *ha visto* _____ el drama en el patio. Los dos animales

_____ *han estado* _____ cubiertos con el agua sucia. El

gallo mojado _____ *ha volado* _____ al techo y se

_____ *ha enojado* _____ con la criada. El gatito

_____ *ha corrido* _____ otra vez adentro de la

hacienda en donde se _____ *ha lavado* _____ .

Ahí _____ *ha estado* _____ contento, y se

_____ *ha quedado* _____ adentro hasta que

_____ *ha llegado* _____ a ser grande.

Capítulo Dos

Lección 5 *(Lesson 5)*

El Pretérito *(Preterite)*

Conjugue en el pretérito los verbos siguientes: mirar, decidir y temer.
(Conjugate in the preterite tense the following verbs: . . .)

Or have the student write the verbs in sentences using preterite tense.

miré	miramos
miraste	mirasteis
miró	miraron
decidí	decidimos
decidiste	decidisteis
decidió	decidieron
temí	temimos
temiste	temisteis
temió	temieron

Cuestionario *(Questions) Answers will vary.*

1. ¿Ha ido de compras alguna vez? ¿Qué compró? ¿Con quién habló? Escriba un párrafo breve para contestar las preguntas. *(Have you ever gone shopping? What did you buy? With whom did you talk? Write a short paragraph to answer the questions.)*

2. ¿Quién va de compras en su familia? *(Who goes shopping in your family?)*

   Possible answer: Mi mamá va de compras en mi familia.

3. ¿Cómo celebra Ud. "Semana Santa"? *(How do you celebrate "Holy Week"/Easter?)*

4. Escriba un párrafo breve acerca de la celebración del "Día de los Muertos" en México. *(Write a short paragraph about the celebration of "Day of the Dead" in Mexico.)*

5. ¿Es cierto que los espíritus de los muertos vienen en la noche del "Día de los Muertos"? ¿Por qué? *(Is it true that dead spirits come out at night during "Day of the Dead"? Why?)*
Possible answers: Los muertos no vienen ninguna noche. Ellos nunca vienen.

La Biblia enseña que cuando una persona muere, va al cielo o al infierno.

Vocabulario *(Vocabulary)*

Traduzca. *(Translate.)*

therefore	**1.** de manera que (así que)
guardar	**2.** to store, put away
ir de compras	**3.** to go shopping
paleta	**4.** lollipop
they put	**5.** pusieron
spool of thread	**6.** tubo de hilo

Lección 6 *(Lesson 6)*

Cuestionario *(Questions) Answers may vary.*

Answers should be in complete sentences unless otherwise indicated.

1. ¿A quién escribe cartas usted? *(To whom do you write letters?)*

Escribo cartas a mis amigos y a mis familiares.

2. Escriba una carta (en español) a su amigo o amiga acerca de lo que hizo el fin de semana. *(Write a letter (in Spanish) to your friend about what you did on the weekend.)*

Los Verbos: El Pretérito *(Verbs: Preterite)*

Conjugue en el pretérito los verbos siguientes: marcar, amenazar, buscar y concluir. *(Conjugate in preterite tense the following verbs: . . .)*

marqué	*marcamos*
marcaste	*marcasteis*
marcó	*marcaron*

Or have the student write the verbs in sentences using preterite tense.

amenacé	amenazamos
amenazaste	amenazasteis
amenazó	amenazaron

busqué	buscamos
buscaste	buscasteis
buscó	buscaron

concluí	concluimos
concluiste	concluisteis
concluyó	concluyeron

Las Oraciones: El Pretérito *(Sentences: Preterite)*

Traduzca. *(Translate.)*

1. I marked *(marcar)* my umbrella.

   Marqué mi paraguas.

2. They played the piano for half an hour.

   Ellos tocaron el piano por media hora.

3. Last week José and Carlos began early.

   La semana pasada José y Carlos empezaron temprano.

4. My sister and I played soccer this morning.

   Mi hermana y yo jugamos al fútbol esta mañana.

5. Pedro brought the tickets and I paid for *(pagar)* them.

   Pedro trajo los boletos y yo los pagué.

6. She believed what I said.

   Ella creyó lo que dije.

7. Rebeca's family moved to Brazil two weeks ago.

   La familia de Rebeca se mudó a Brasil hace dos semanas. or Hace dos semanas que la familia de Rebeca se mudó a Brasil.

8. Miguel's sister enjoyed her trip.

La hermana de Miguel disfrutó su viaje.

9. God protected His children.

Dios protegió a sus hijos.

10. Juan, Isaac, and Isabel went to a party.

Juan, Isaac e Isabel fueron a una fiesta. (The conjunction y becomes e when the word following the conjunction begins with the i sound.)

11. Carmen gave the books to the children.

Carmen dio los libros a los niños.

12. We saw them last year.

Nosotros los vimos el año pasado.

13. He was our Spanish teacher.

Él fue nuestro maestro (profesor) de español.

14. You (familiar singular) wanted to study science.

Tú quisiste estudiar ciencia.

15. Their church brought the food.

Su iglesia trajo la comida.

16. Jesus blessed the children.

Jesús bendijo a los niños.

17. Marcos, Pablo, and I were at the park.

Marcos, Pablo y yo estuvimos en el parque.

18. His uncle had many friends.

Su tío tuvo muchos amigos.

19. Juana and Ana came very late.

Juana y Ana vinieron muy tarde.

20. Andres translated the letter.

Andrés tradujo la carta.

21. Her mother knew how to play the piano.

Su madre sabía tocar el piano.

Vocabulario *(Vocabulary)*

Traduzca. *(Translate.)*

to clarify	**1.** aclarar
al fin	**2.** finally
castillo	**3.** castle
deletrear	**4.** to spell
empujar	**5.** to push
fábrica	**6.** factory
olor	**7.** odor
pulga	**8.** flea

Dictado *(Dictation)*

Listen to the passage carefully. It will be read at normal speed several times. Write what you hear on a separate sheet of paper; check spelling and accent marks. If you need to hear the selection again, wait until the teacher asks for questions.

Read the following excerpt from Lección 6, "La Carta de Raúl." As you read, include the words inside the parentheses as well.

Durante los años que trabajamos en España nosotros (los misioneros) vivimos en la ciudad. Vivimos en una casa, un piso (aunque lo llamamos un "apartamento" en México) y vivimos en una fábrica de ataúdes. La iglesia de Játiva (o "Xátiva" en el valenciano) convirtió la fábrica en un edificio para reunirse. Todavía recuerdo que los muros del templo se hicieron de una piedra especial.

Capítulo Tres ⟨ X X X X X X X X X X X X X X X ⟩
(Chapter 3)

Los Versículos (Verses)

Rellene los espacios para completar los versículos. (Escriba la palabra que falta.) *(Fill in the spaces [blanks] to complete the verses. Write the missing words.)*

2 Samuel 22:2

Jehová es mi ___roca___ y mi ___fortaleza___, y mi ___libertador___.

2 Samuel 22:4

Invocaré a ___Jehová___, quien es ___digno___ de ser ___alabado___.

Salmo 18:2

Jehová, ___roca___ mía y ___castillo___ mío, y mi ___libertador___;

Dios mío, ___fortaleza___ mía, en él ___confiaré___; Mi escudo, y la

___fuerza___ de mi ___salvación___, mi ___alto refugio___.

Lección 7 (Lesson 7)

Paulina (continuación) (Paulina, continued)

Use unas palabras del vocabulario para escribir un párrafo acerca de Paulina.
(Use some vocabulary words to write a paragraph about Paulina.)

Cuestionario (Questions)
These may be used as either an oral or written review.
Answers should be in complete sentences unless otherwise indicated.

1. ¿Adónde dirigió Dios a Paulina? *(To where did God direct Paulina?)*

   Dios le dirigió a los Estados Unidos. _____

   _____

2. ¿Con quiénes viajó Paulina a los Estados Unidos? *(With whom did Paulina travel to the United States?)*
   Paulina viajó a los Estados Unidos con unos misioneros. _____

   _____

3. Al llegar al hogar en los EE.UU., ¿entendía el inglés Paulina?
   (On arriving at her home in the USA, did Paulina understand any English?)
   Al llegar al hogar en los EE.UU., Paulina no entendía el inglés.

   _____

4. Describa una buena experiencia de Paulina en la escuela preparatoria.
(Describe one of Paulina's good experiences in the high school.)
Una buena experiencia en la escuela preparatoria fue enseñar español a un joven

al mismo tiempo que él le enseñaba inglés.

5. ¿Qué no le gustaba comer al principio a Paulina? *(What did Paulina not like to eat at first?)*
Al principio, Paulina no le gustaba comer para el almuerzo sandwiches de crema

de cacahuate y jalea.

6. ¿Por qué Paulina no fue al comedor el primer día en la universidad?
(Why did Paulina not go to the dining cafeteria the first day at the university?)
Paulina no fue al comedor el primer día en la universidad porque no quería ir sola.

Nacionalidades: Búsqueda de Palabras *(Nationalities: Word Search)*

Encuentre las palabras. *(Find the words.)*

Africano	Europeo	Alemán
Argentino	Italiano	Francés
Brasileño	Mexicano	Inglés
Cubano	Puertorriqueño	Irlandesa
Dominicano	Ruso	Portuguesa
Español	Uruguayo	Canadiense

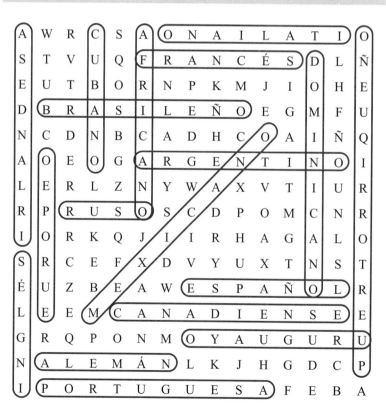

Vocabulario: Autoevaluación *(Vocabulary: Self-test)*

Write a list of vocabulary words in English from Paulina's story. Close your book and write the Spanish translations. Then use the textbook to check your answers.

Los Verbos: El Futuro *(Verbs: Future)*

Traduzca. *(Translate.)*

1. Raúl will sell the peanut butter, and Pilar will buy the jelly.

   Raúl venderá la crema de cacahuate y Pilar comprará la jalea.

2. The three bears will lodge in Goldilocks's house.

   Los tres osos se hospedarán en la casa de Goldilocks.

3. Will you (familiar singular) want *(querer)* soup or soap?

   ¿Querrás sopa o jabón?

4. We will leave the embassy at 9:00.

   Saldremos de la embajada a las nueve.

5. You (familiar singular) will set the table.

   Tú pondrás la mesa.

6. Sofía and Lola will encourage the Europeans.

   Sofía y Lola animarán a los europeos.

7. Little by little you (formal plural) will learn Spanish.

   Poco a poco Uds. aprenderán español.

8. The idioms will be difficult.

   Las expresiones idiomáticas serán difíciles.

Dictado *(Dictation)*

Listen to the passage carefully. It will be read at normal speed several times. Write what you hear on a separate sheet of paper; check spelling and accent marks. If you need to hear the selection again, wait until the teacher asks for questions.

Read the following excerpt from Lección 7, "Paulina."

Poco a poco por la gracia del Señor fui aprendiendo inglés. En algunas conversaciones a veces me confundía y también confundía a las personas con quienes hablaba, ya que yo no pronunciaba algunos términos correctamente. A veces quería decir jabón y decía sopa, o barba en lugar de oso. También tenía problemas con algunas expresiones idiomáticas; yo las traducía literalmente y por supuesto no me entendían.

Lección 8 *(Lesson 8)*

Composición *(Composition)*

Using the vocabulary write a kind letter in Spanish to your mother or to an older lady in your church describing your plans to make Mother's Day special for her. Include singing, sending a card, buying flowers, writing a poem, and taking her out for dinner. All verbs should be in future tense.

Los Verbos: El Futuro *(Verbs: Future)*

Reread Javier's letter from the textbook and change the verbs to future tense. Be ready to read aloud the new version.

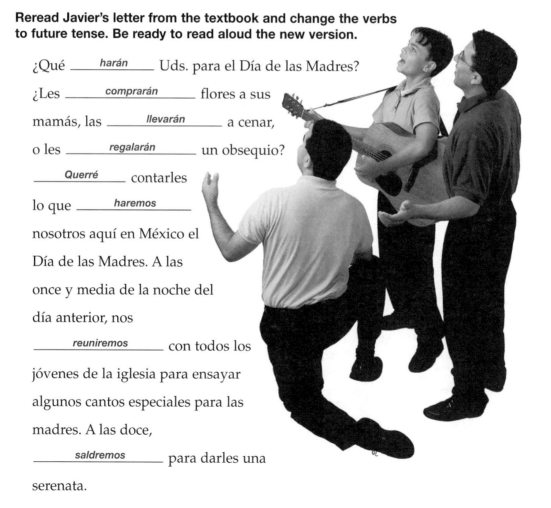

¿Qué _____harán_____ Uds. para el Día de las Madres?

¿Les _____comprarán_____ flores a sus mamás, las _____llevarán_____ a cenar,

o les _____regalarán_____ un obsequio?

_____Querré_____ contarles

lo que _____haremos_____

nosotros aquí en México el

Día de las Madres. A las

once y media de la noche del

día anterior, nos

_____reuniremos_____ con todos los

jóvenes de la iglesia para ensayar

algunos cantos especiales para las

madres. A las doce,

_____saldremos_____ para darles una

serenata.

Primero *iremos* a la casa de Juan. Nos *estacionaremos* a una cuadra de su casa, nos *bajaremos* de los carros y nos *acercaremos* a la puerta sin hacer ningún ruido. Los que *tocarán* las guitarras se *alistarán* para tocar. Los demás se *prepararán* para cantar. *Tocaremos* a la puerta y *empezaremos* a cantar. Después de unos momentos la mamá de Juan se *asomará*. Al terminar de cantar *pasaremos* cada uno para felicitarla en su día especial. Y así lo *haremos* con cada una de las mamás. *Terminaremos* a las ocho de la mañana, bien cansados pero felices de haber podido agradecer a las madres por su amor.

Crucigrama: Los Adjetivos *(Crossword Puzzle: Adjectives)*

Horizontal

3. old
4. blond
5. nice
7. worried
10. young
11. clever
14. tired

Vertical

1. ready
2. sad
6. calm
8. contented; happy
9. alone
12. pretty
13. handsome

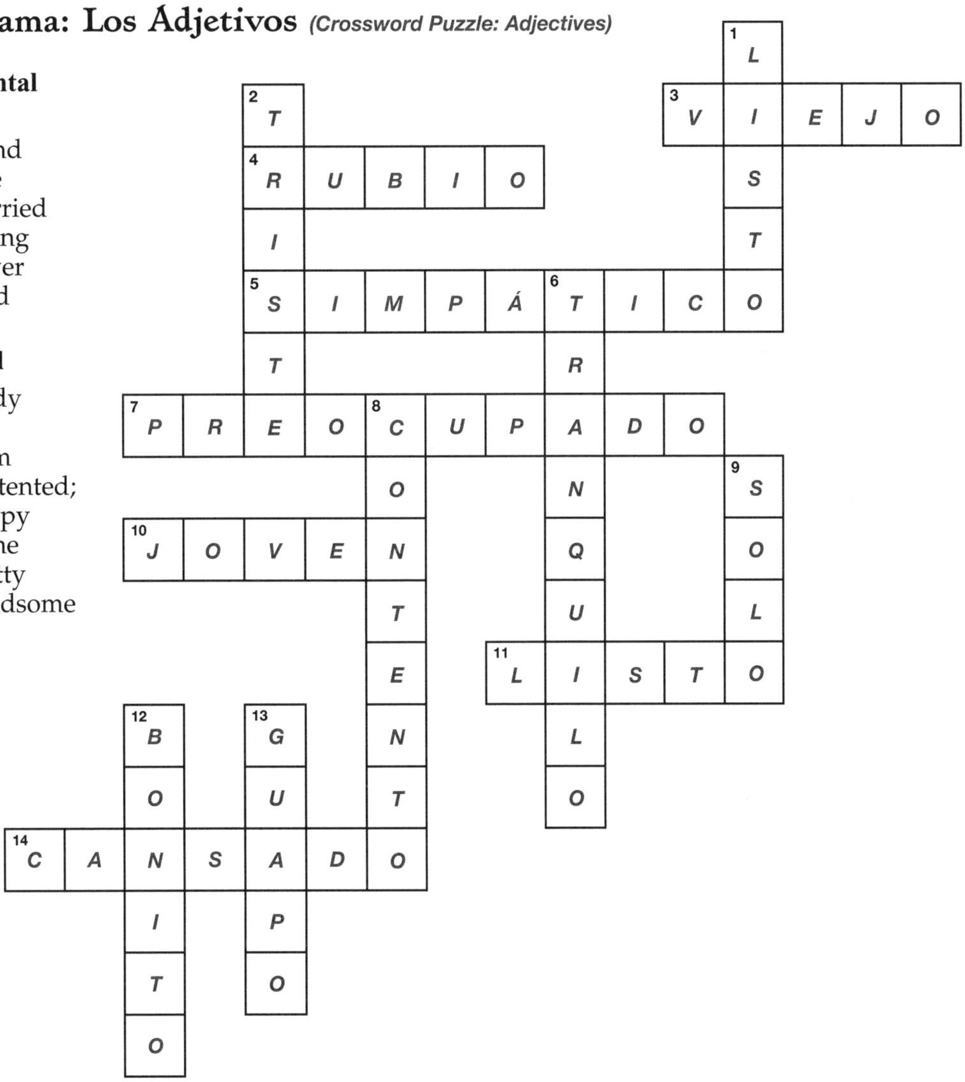

1 LISTO
2 TRISTE
3 VIEJO
4 RUBIO
5 SIMPÁTICO
6 TRANQUILO
7 PREOCUPADO
8 CONTENTO
9 SOLO
10 JOVEN
11 LISTO
12 BONITO
13 GUAPO
14 CANSADO

Lección 9 (Lesson 9)

La Carta de Tío Samuel: (Uncle Samuel's Letter)
Sopa de Palabras (Scrambled Words)

Unscramble the vocabulary words.
The articles have been omitted.

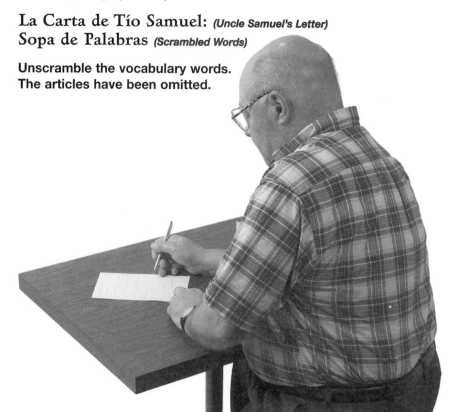

vino	**1.** nivo
sobradas	**2.** drabosas
recobro	**3.** correob
peligro	**4.** glipreo
herida	**5.** edraih
golpe	**6.** ploge
fecha	**7.** hefac
colonia	**8.** aoilcno
daño	**9.** ñoad
conceder	**10.** reccoden
chocar	**11.** hacroc
cariñosamente	**12.** netraecisoñam
cancelar	**13.** cralenac
borracho	**14.** rocharob
aprecio	**15.** priaceo

vehículo	**16.** chuvelío
saludarte	**17.** tralasude
recámara	**18.** amácarre
lamentar	**19.** naltrema
haznos saber	**20.** zonahs baser
fuerte	**21.** tefrue
expresar	**22.** represax
descanso	**23.** scondesa
cuídate mucho	**24.** utadeíc uohmc
Chihuahua	**25.** ahiCahuhu
cariño	**26.** ciñaro
cabal	**27.** blaac
bendito sea	**28.** tedobin ase

Los Verbos

De los siguientes verbos escoja el apropiado para cada oración; conjúguelo en el futuro.

caber	poder	venir
querer	decir	

podrán, podréis	**1.** Irma y tú _____ ensayar la serenata el día anterior si así lo prefieren. _podrán (Latin America), podréis (Spain)_
querrá	**2.** Si tu familia puede, _____ felicitar a los demás.
vendremos	**3.** Lidia y yo _____ a la preparatoria para asignar los consejeros.
cabrán	**4.** Los regalos _____ en el vehículo café, ahí habrá suficiente espacio.
dirá	**5.** Después de bajarse del autobús, el anciano _____ : "Gracias, hasta luego".

Dictado *(Dictation)*

Listen to the passage carefully. It will be read at normal speed several times. Write what you hear on a separate sheet of paper; check spelling and accent marks. If you need to hear the selection again, wait until the teacher asks for questions.

Read the following excerpt from Lección 9, "La Carta de Tío Samuel."

Nos fue un fuerte golpe saber del accidente de auto que tuviste en la carretera Independencia que sale del centro allí en Chihuahua. Bendito sea el Señor que aunque sufriste algunas heridas, no pasó a más.

Crucigrama: El Cuerpo, Parte 1 *(Crossword Puzzle: The Body, Part 1)*

Horizontal

4. mouth
6. leg
8. arm
9. knee
11. back
13. stomach
15. eye

Vertical

1. face
2. shoulder
3. foot
5. head
7. nose
10. teeth
12. finger
14. hand

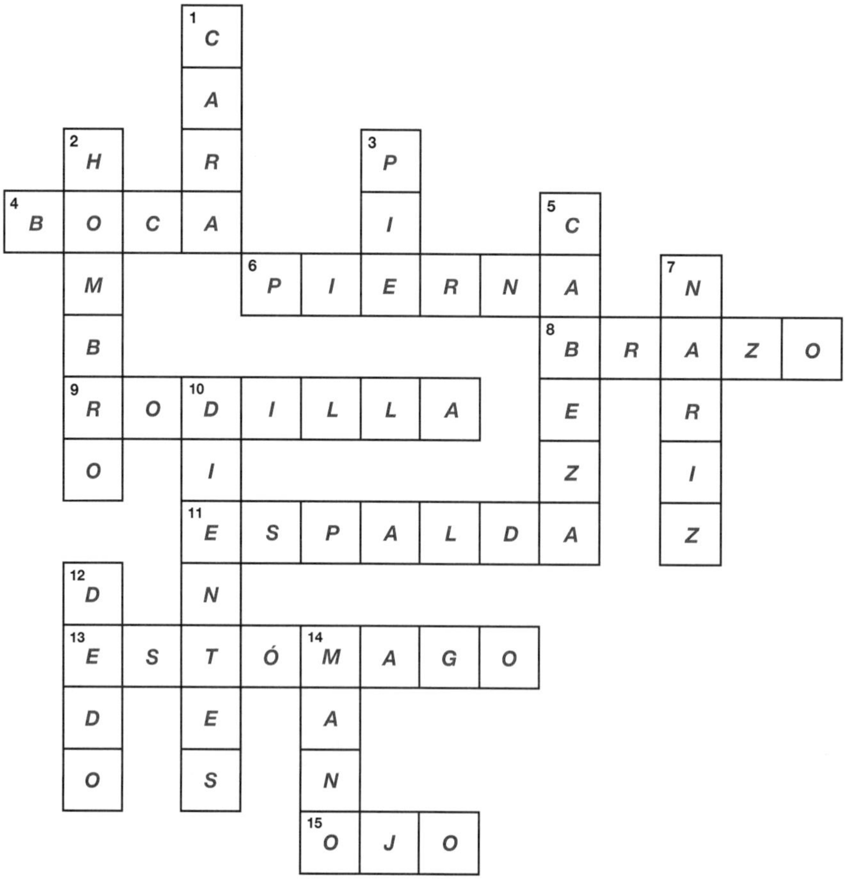

The completed crossword grid contains the following answers:

- 1 Vertical: CARA
- 2 Horizontal: HOMBRO
- 3 Vertical: PIE
- 4 Horizontal: BOCA
- 5 Vertical: CABEZA
- 6 Horizontal: PIERNA
- 7 Vertical: NARIZ
- 8 Horizontal: BRAZO
- 9 Horizontal: RODILLA
- 10 Vertical: DIENTES
- 11 Horizontal: ESPALDA
- 12 Vertical: DEDO
- 13 Horizontal: ESTÓMAGO
- 14 Vertical: MANO
- 15 Horizontal: OJO

Capítulo Cuatro ⟨ ✗ ✗ ✗ ✗ ✗ ✗ ✗ ✗ ✗ ✗ ✗ ✗ ✗ ⟩
(Chapter 4)

Los Versículos *(Verses)*

Rellene los espacios para completar 1 Timoteo 3:16. *(Fill in the spaces [blanks] to complete I Timothy 3:16.)*

E ____*indiscutiblemente*____, grande ___*es*___ el ____*misterio*____ de la

____*piedad*____: Dios ___*fue*___ manifestado ___*en*___ carne,

____*Justificado*____ en el ____*Espíritu*____, Visto ___*de*___ los

____*ángeles*____, ____*Predicado*____ a los ____*gentiles*____, Creído

___*en*___ el ____*mundo*____, ____*Recibido*____ arriba en ____*gloria*____.

Lección 10 *(Lesson 10)*

Cuestionario *(Questions)*

Answers should be in complete sentences unless otherwise indicated.

1. ¿En qué mes se celebra la independencia en su país? *(In which month does your country celebrate its independence?)*
   Answers may vary. La independencia en mi país se celebra en el mes de julio.

2. ¿Cuándo da el informe de gobierno el presidente de los Estados Unidos? *(When does the President of the United States give the State of the Union Address?)*
   El presidente de los Estados Unidos da el informe de gobierno en enero.

3. ¿Qué hace usted el día de la independencia? *(What do you do on Independence Day?)*
   Possible answers: El día de la independencia voy con mi familia a un lago; allí comemos,

   jugamos y platicamos. Por la noche vamos al centro a ver los juegos pirotécnicos.

4. En los Estados Unidos, ¿qué se celebra el cuarto jueves del mes de noviembre? *(In the United States, what is celebrated on the fourth Thursday of November?)*

   El cuarto jueves del mes de noviembre en los Estados Unidos se celebra el día de

   Acción de Gracias.

5. ¿Qué hace el 24 y 25 de diciembre? *(What do you do on December 24 and 25?)*

   Answers will vary.

6. ¿Qué hace el 31 de diciembre? *(What do you do on December 31?)*

Answers will vary.

Las Oraciones: El Condicional *(Sentences: Conditional)*

Traduzca. *(Translate.)*

1. César and David would mow the grass.

César y David cortarían el pasto.

2. You (formal singular) would come very early.

Usted vendría muy temprano.

3. Rosa would read three books.

Rosa leería tres libros.

4. Pepe, Eunice, and Caren would play the entire *(entero)* day.

Pepe, Eunice y Caren jugarían el día entero.

5. Would you (familiar singular) sweep *(barrer)* outside?

¿Barrerías afuera?

6. I would run to the market.

Correría al mercado.

7. Jaime would win the prize.

Jaime ganaría el premio.

8. Eunice would mop *(trapear)* every week.

Eunice trapearía cada semana.

9. Felipe and I would call our relatives.

Felipe y yo llamaríamos a nuestros familiares.

10. You (formal plural) would encourage them.

Ustedes los animarían.

Vocabulario *(Vocabulary)*

Traduzca. *(Translate.)*

advance	**1.** adelantar
to hurl oneself	**2.** arrojarse
caudillo	**3.** leader
nearby, near	**4.** cercano
speech, discourse	**5.** discurso
to achieve	**6.** lograr
orgullo	**7.** pride
proyecto	**8.** project
robar	**9.** to rob
sangriento	**10.** bloody
sin embargo	**11.** nevertheless, however
trato	**12.** treatment

Lección 11 *(Lesson 11)*

El Mes de la Patria (continuación) *(Patriotic Month, continued)*

Encuentre la respuesta con una o dos palabras. *(Find [Give] the answer in one or two words.)*

Himno Nacional	**1.** Canto que identifica a un país. Es un símbolo de la patria. *(Song that identifies a country. It is the symbol of the country.)*
bandera nacional	**2.** Es un símbolo del país y se pone en un asta. *(It is a symbol of the country and is placed on a flagpole.)*

libertad, independencia

3. Viene después de la esclavitud y el sufrimiento, las luchas de la guerra y el triunfo. Muchos países han luchado por ésta. *(It comes after slavery and suffering, the battles of war, and the victory. Many countries have fought for this.)*

fecha

4. Consiste del día, mes y año. (Por ejemplo: siete de enero de mil ochocientos once) *(It is made up of the day, the month, and the year. [For example: January 7, 1811])*

origen

5. Es lo contrario de *fin* y no es *inicio* ni *principio*. *(It is the opposite of* end *and is neither* inicio *nor* principio.*)*

familiares

6. Son mis primos, tíos, abuelos y sobrinos. *(They are my cousins, aunts and uncles, grandparents, and nieces and nephews.)*

los números

7. Los usamos para sumar, restar, multiplicar, dividir y contar. *(We use them to add, subtract, multiply, divide, and count.)*

año, años

8. Hay 365 días en uno y un siglo tiene cien. *(There are 365 days in one, and a century has 100 of them.)*

equipo

9. Grupo de personas organizadas para una actividad específica. *(A group of people organized for a specific activity.)*

idiomas; lenguas

10. Italiano, francés, inglés, español—no son nacionalidades. *(Italian, French, English, Spanish—they are not nationalities.)*

Dictado *(Dictation)*

Listen to the passage carefully. It will be read at normal speed several times. Write what you hear on a separate sheet of paper; check spelling and accent marks. If you need to hear the selection again, wait until the teacher asks for questions.

Read the following excerpt from Lección 10, "El Mes de la Patria."

El mes de septiembre en México es conocido como el Mes de la Patria. Las casas, las calles, los pueblos y las ciudades lucen brillantemente decoradas con los tres colores de la bandera mexicana: verde, blanco y rojo. El espíritu patriótico se aviva durante este tiempo ya que los mexicanos recuerdan con orgullo las fechas importantes de este mes.

El primero de septiembre, el presidente de la República da su informe de gobierno. En ese discurso resume para los mexicanos los proyectos y las actividades que realizó durante el año en favor de la gente de México.

Composición *(Composition)*

Use las palabras siguientes para escribir un párrafo: celebración, presidente, campana, mexicanos, miles, gritar, independencia. *(Use the following words to write a paragraph: . . .)*

Vocabulario *(Vocabulary)*

Traduzca. *(Translate.)*

decoration	1. adorno
animar	2. to encourage
concurso	3. contest
dejar salir	4. to permit to leave
awake	5. despierto
familiares	6. relatives
fireworks	7. juegos pirotécnicos
permanecer	8. to endure, stay
recordar	9. to remember
tamaño	10. size

El Mes de la Patria (continuación) *(Patriotic Month, continued)*

Rellene los espacios con los verbos condicionales para completar el párrafo.
(Fill in the spaces [blanks] with conditional tense verbs to complete the paragraph.)

A los mexicanos les _____*gustaría*_____ (gustar) celebrar esta fecha especial.

La diversión (celebración) _____*comenzaría*_____ (comenzar) la noche del día 15.

Las familias _____*prepararían*_____ (preparar) muchos platillos favoritos. Los

familiares (parientes) y amigos se _____*reunirían*_____ (reunir). A las once de

la noche el presidente mexicano _____*saldría*_____ (salir) al balcón del edifi-

cio presidencial. A un lado _____*estaría*_____ (estar) una cuerda atada a una

campana. Miles de mexicanos se _____*reunirían*_____ (reunir) en la gran plaza

del Zócalo; muchos de ellos _____*ondearían*_____ (ondear) banderas de

todos tamaños. La multitud _____*vería*_____ (ver) que el presidente

_____*habría*_____ (haber) aparecido con su familia y _____*habría*_____ (haber)

un gran silencio, enseguida el presidente _____*gritaría*_____ (gritar), "¡Viva

Don Miguel Hidalgo!" y toda la gente abajo __haría__ (hacer) eco de su arenga. Enseguida __gritaría__ (gritar) "¡Vivan los Niños Héroes!" y el público nuevamente __repetiría__ (repetir) sus palabras. El presidente __mencionaría__ (mencionar) algunos otros héroes mexicanos que pelearon por lograr la independencia; finalmente __gritaría__ (gritar) con toda su fuerza, "¡Viva México!" y todos __prorumpirían__ (prorumpir) al unísono, "¡Viva México!" El presidente nuevamente __proclamaría__ (proclamar) "¡Viva México!" y todos __gritarían__ (gritar) entusiásticamente "¡¡Viva México!!" y nuevamente por tercera vez, y la multitud __repetiría__ (repetir) emocionada cada vez "¡¡¡VIVA MÉXICO!!!" Enseguida el presidente __tomaría__ (tomar) la cuerda y __tocaría__ (tocar) varias veces la campana. Todos __gritarían__ (gritar) emocionados. __Sería__ (ser) un momento muy emotivo. Pronto los vistosos juegos pirotécnicos __iluminarían__ (iluminar) el cielo y la celebración __comenzaría__ (comenzar). Los que se quedan en sus casas también __celebrarían__ (celebrar) con cohetes y __probarían__ (probar) las comidas deliciosas mexicanas y se __entretenerían__ (entretener) con familiares y amigos. La hora de dormir __dependería__ (depender) de qué tanto tiempo __podrían__ (poder) permanecer despiertos. Es bueno que no __habría__ (haber) clases o día de trabajo el día siguiente ya que __sería__ (ser) un día nacional.

Los Números: Time Line of History
(Numbers)

¿En qué año? *(In what year?)*

__711 (setecientos once)__ 1. Invadieron los moros a España.
   (The Moors invaded Spain.)

__1821 (mil ochocientos veintiuno)__ 2. Obtuvo México su independencia.
   (Mexico gained its independence.)

1492 (mil cuatrocientos noventa y dos)	**3.** Cayó la Ciudad de Granada. *(The city of Granada fell.)*
1492 (mil cuatrocientos noventa y dos)	**4.** Llegó Cristóbal Colón a América. *(Christopher Columbus arrived in America.)*
1914 (mil novecientos catorce)	**5.** Empezó la primera guerra mundial. *(World War I began.)*
1939 (mil novecientos treinta y nueve)	**6.** Empezó la segunda guerra mundial. *(World War II began.)*
1969 (mil novecientos sesenta y nueve)	**7.** Estaba el primer hombre en la luna. *(The first man was on the moon.)*
1986 (mil novecientos ochenta y seis)	**8.** Estalló la nave espacial *Challenger*. *(The space ship* Challenger *blew up.)*
1453 (mil cuatrocientos cincuenta y tres)	**9.** Imprimió Gutenberg las primeras Biblias. *(Gutenberg printed the first Bibles.)*
476 (cuatrocientos setenta y seis)	**10.** Se cayó Roma. *(Rome fell.)*
1865 (mil ochocientos sesenta y cinco)	**11.** Asesinó Booth a Lincoln. *(Booth assassinated Lincoln.)*
1775 (mil setecientos setenta y cinco)	**12.** Inició la revolución americana. *(The American Revolution began.)*
1854 (mil ochocientos cincuenta y cuatro)	**13.** Se cantó por primera vez el Himno Nacional Mexicano. *(The Mexican National Hymn [Anthem] was sung for the first time.)*
1271-95 (mil docientos setenta y uno a mil docientos noventa y cinco)	**14.** Viajaba Marco Polo por Asia. *(Marco Polo traveled throughout Asia.)*

Lección 12 *(Lesson 12)*

¿Por qué ir en viaje misionero . . . ? *(Why go on a missionary trip . . . ?)*

Rellene los espacios para completar el párrafo. Cada palabra es usada una vez.
(Complete the paragraph by filling in the spaces [blanks]. Each word is used once.)

compartirlo	historias	salvación
ensayan	misionero	testimonio
enseñarán	persona	
himnos	preparan	

Los jóvenes de mi iglesia van en un equipo ___**misionero**___. Ellos se ___**preparan**___ practicando las ___**historias**___ bíblicas que ___**enseñarán**___ a los niños. También ellos ___**ensayan**___ algunos ___**himnos**___ para cantar en las iglesias. Ellos practican su ___**testimonio**___ de salvación para darlo en cada servicio. También practican el plan de ___**salvación**___ para ___**compartirlo**___ con cada ___**persona**___.

Cuestionario *(Questions)*

1. ¿Le gustaría ir en un equipo misionero? ¿A dónde? *(Would you like to go on a missionary team? Where?)*

Answers may vary. Sí. Me gustaría ir a Argentina. No me gustaría ir en un equipo

misionero.

2. ¿Cómo se prepararía y qué le gustaría hacer allá? *(How would you prepare, and what would you like to do there?)*

Possible answers: Me prepararía memorizando mi testimonio de salvación, practicando

constantemente español, investigaría acerca de la cultura de Argentina. Me gustaría

enseñar historias bíblicas a los niños, testificar de casa en casa, repartir folletos bíblicos,

cantar en las iglesias, tocar el piano, jugar al fútbol con los jóvenes o contar historias con los títeres.

Descripción *(Description)*

Lea la historia. *(Read the story.)*

(Last summer I went on a missionary trip to Mexico. There were eleven of us on the team. We visited three places in three weeks. The first and second week we had children's classes every evening. During the day we went to town to witness and also we visited several homes. The last week we helped as counselors in a youth camp. During this trip I met many people. It was very interesting.)

El verano pasado fui en un viaje misionero a México. Eramos once personas en el equipo. Visitamos tres lugares en tres semanas. La primera y segunda semana tuvimos clases para niños todas las noches. Durante el día salimos al centro a testificar y también visitamos algunos hogares. La última semana ayudamos como consejeros en un campamento para jóvenes. Durante este viaje conocí a muchas personas. Fue muy interesante.

Describa la persona en la historia. *(Describe the person in the story.)*

Possible answers: La persona quiere obedecer a Dios. Le gusta trabajar con los niños y

los jóvenes. Es amable y le gusta conocer a muchas personas. Le gusta testificar.

Vocabulario *(Vocabulary)*

Traduzca. *(Translate.)*

avoid	**1.** evadir
provide	**2.** proveer
compartir	**3.** to share
equipo	**4.** team
actitud	**5.** attitude

esperanza	**6.** hope
edificar	**7.** to build up
mostrar	**8.** to show
poseer	**9.** to possess
to support	**10.** apoyar

Búsqueda de Palabras *(Word Search)*

Read the instructions. Time yourself as you follow them. Try to complete all of the instructions within two minutes.

Read the verses below. First, circle the parts of the body as soon as you see them. Check to be certain that you have found all of them. Second, draw a star over anything or anyone that is celestial.

1. ¡Oh*Jehová,*Señor nuestro, Cuán glorioso es tu nombre en toda la tierra! Has puesto tu gloria sobre*los cielos;

2. De la boca de los niños y de los que maman, fundaste la fortaleza, A causa de tus enemigos, Para hacer callar al enemigo y al vengativo.

3. Cuando veo*tus cielos, obra de tus dedos, La luna y*las estrellas que tú formaste,

4. Digo: ¿Qué es el hombre, para que tengas de él memoria, Y el hijo del hombre, para que lo visites?

5. Le has hecho poco menor que*los ángeles, Y lo coronaste de gloria y de honra.

6. Le hiciste señorear sobre las obras de tus manos; Todo lo pusiste debajo de sus pies (Salmo 8:1-6).

Dictado *(Dictation)*

Listen to the passage carefully. It will be read at normal speed several times. Write what you hear on a separate sheet of paper; check spelling and accent marks. If you need to hear the selection again, wait until the teacher asks for questions.

Read the following excerpt from Lección 11, "El Mes de la Patria (continuación)."

Y para terminar las fechas del Mes de la Patria, el día 27 señala el final de la Guerra de Independencia. Después de once años de lucha contra España, México finalmente logró librarse de su dominio. Los mexicanos lucharon duramente para obtener su independencia, su libertad y el derecho de vivir con dignidad.

Ahora pueden darse cuenta por qué éste es un mes especial para México. El día 27 es un día especial. Los pueblos están engalanados con banderas y toda clase de adornos de colores verde, blanco y rojo. ¡Vengan a visitar a México algún día en este mes especial!

Crucigrama: El Cuerpo, Parte 2 (Crossword Puzzle: The Body, Part 2)

Horizontal
- 4. body
- 5. wrist
- 10. brain
- 11. eyebrow
- 13. thumb

Vertical
- 1. forehead
- 2. bone
- 3. blood
- 6. fingernail; toenail
- 7. beard
- 8. heart
- 9. ankle
- 10. waist
- 12. neck
- 13. skin

											1 F			
2 H											R		3 S	
4 C	U	E	R	P	O		5 M	6 U	Ñ	E	C	A		7 B
	E							Ñ		N		N		A
	S			8 C		9 T		A		T		G		R
	O			O		O				E		R		B
	10 C	E	R	E	B	R	O				11 C	E	J	A
	I		A		I									
	N		Z		L									
12 C	T		Ó		L									
U	U		N		O									
E	R													
13 P	U	L	G	A	R									
I	L													
E	O													
L														

Capítulo Cinco ⟨ x x x x x x x x x x x x x x ⟩
(Chapter 5)

Los Versículos *(Verses)*

Rellene los espacios para completar Salmo 23:1-6. *(Fill in the blanks to complete Psalm 23:1-6.)*

_____Jehová_____ es _____mi_____ _____pastor_____ ; nada me _____faltará_____ .

En lugares de _____delicados_____ _____pastos_____ me hará _____descansar_____ ;

_____Junto_____ a _____aguas_____ de reposo me _____pastoreará_____ .

_____Confortará_____ mi alma;

Me guiará por _____sendas_____ _____de_____ _____justicia_____

por _____amor_____ _____de_____ _____su_____ _____nombre_____ .

Aunque ande en _____valle_____ _____de_____ _____sombra_____

de _____muerte_____ ,

No _____temeré_____ _____mal_____ alguno, porque

tú _____estarás_____ _____conmigo_____ ;

Tu vara y tu cayado me infundirán aliento.

Aderezas _____mesa_____ delante de mí en

_____presencia_____ de mis angustiadores;

_____Unges_____ mi cabeza con _____aceite_____ ;

_____mi_____ _____copa_____ está _____rebosando_____ .

Ciertamente el _____bien_____ y la

_____misericordia_____ me

seguirán _____todos_____ _____los_____

_____días_____ de mi _____vida_____ ,

Y en la _____casa_____ _____de_____

_____Jehová_____ moraré por

_____largos_____ días.

Lección 13: Los Creyentes de España *(Lesson 13: The Believers of Spain)*

Cuestionario *(Questions)*

Answers should be in complete sentences.

1. ¿Qué están olvidando los creyentes de España hoy en día? *(What are Spanish believers forgetting nowadays?)*
   Los creyentes de España están olvidando lo que es sufrir por Cristo.

2. ¿Quiénes pagaban un precio alto por ser fieles a Cristo durante el régimen de Franco? *(Who paid a high price for their faithfulness to Christ during Franco's rule?)*
   Los evangélicos (cristianos) pagaban un precio alto por ser fieles a Cristo durante

   el régimen de Franco.

3. ¿Cómo se llama la película mencionada en el texto que fue filmada por la universidad de Bob Jones? *(What is the name of the movie mentioned in the text that was filmed by Bob Jones University?)*
   La película que fue filmada por la universidad de Bob Jones se llama Llama en el Viento.

4. ¿Cuándo se fueron abriendo las puertas de tolerancia para los evangélicos? *(When were the doors of tolerance opening for the Christians?)*
   Durante los últimos años del régimen de Franco e inmediatamente después de

   su muerte las puertas de la libertad se fueron paulatinamente abriendo.

5. ¿Quiénes se instalaron en Elche? *(Who settled themselves [were installed] in Elche?)*
   Tres familias misioneras se instalaron en Elche.

6. ¿A quiénes quiso exterminar la Santa Inquisición del siglo decimosexto? *(Who did the Holy Inquisition want to exterminate in the sixteenth century?)*
   La Santa Inquisición del siglo decimosexto quiso exterminar a los que leían y creían

   la Biblia.

7. ¿Qué hizo una de las muchachas al ver el papelito impreso tirado en la calle? *(What did one of the girls do when she saw the little printed paper which had been thrown into the street?)*
   Ella, al ver el papelito impreso tirado en la calle, lo recogió para ver de que se trataba.

Vocabulario *(Vocabulary)*

Lea los sinónimos o las descripciones y escoja la palabra correcta del vocabulario.
(Read the synonyms or the descriptions and choose the correct vocabulary word.)

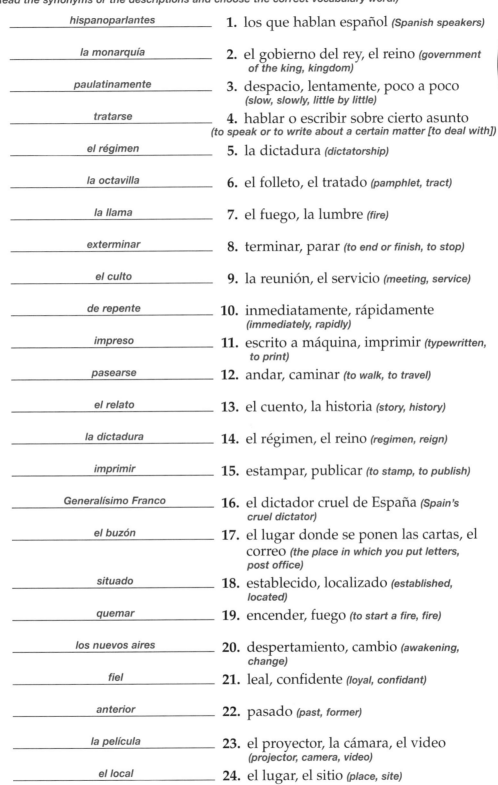

hispanoparlantes	**1.** los que hablan español *(Spanish speakers)*
la monarquía	**2.** el gobierno del rey, el reino *(government of the king, kingdom)*
paulatinamente	**3.** despacio, lentamente, poco a poco *(slow, slowly, little by little)*
tratarse	**4.** hablar o escribir sobre cierto asunto *(to speak or to write about a certain matter [to deal with])*
el régimen	**5.** la dictadura *(dictatorship)*
la octavilla	**6.** el folleto, el tratado *(pamphlet, tract)*
la llama	**7.** el fuego, la lumbre *(fire)*
exterminar	**8.** terminar, parar *(to end or finish, to stop)*
el culto	**9.** la reunión, el servicio *(meeting, service)*
de repente	**10.** inmediatamente, rápidamente *(immediately, rapidly)*
impreso	**11.** escrito a máquina, imprimir *(typewritten, to print)*
pasearse	**12.** andar, caminar *(to walk, to travel)*
el relato	**13.** el cuento, la historia *(story, history)*
la dictadura	**14.** el régimen, el reino *(regimen, reign)*
imprimir	**15.** estampar, publicar *(to stamp, to publish)*
Generalísimo Franco	**16.** el dictador cruel de España *(Spain's cruel dictator)*
el buzón	**17.** el lugar donde se ponen las cartas, el correo *(the place in which you put letters, post office)*
situado	**18.** establecido, localizado *(established, located)*
quemar	**19.** encender, fuego *(to start a fire, fire)*
los nuevos aires	**20.** despertamiento, cambio *(awakening, change)*
fiel	**21.** leal, confidente *(loyal, confidant)*
anterior	**22.** pasado *(past, former)*
la película	**23.** el proyector, la cámara, el video *(projector, camera, video)*
el local	**24.** el lugar, el sitio *(place, site)*

Los Verbos: El Pluscuamperfecto *(Verbs: Past Perfect)*

Traduzca. *(Translate.)*

1. El escritor había doblado al español la película *Llama en el Viento.*

The writer had dubbed the film **Flame in the Wind** *into Spanish.*

2. Las dos chicas aburridas habían visto el papelito impreso.

The two bored girls had seen the little printed pamphlet.

3. El papelito impreso había sido dejado en la calle.

The little printed pamphlet had been dropped in the street.

4. Las chicas habían recogido el papelito impreso para ver de que trataba.

The girls had picked up the little printed pamphlet to see what it was about.

5. Ella había recibido el (su) diploma.

She had received her diploma.

6. El policía había alcanzado la cima y había arrestado el ladrón.

The police had reached the top and had arrested the thief.

7. La compañía había impreso dos mil tratados.

The company had printed two thousand tracts.

8. El fuego había quemado las cuerdas.

The fire had burned the ropes (cords).

Los Sustantivos *(Nouns)*

En la línea provista escriba el número *1* si la oración es verdadera o el número *2* si es falsa. *(In the line provided write the number 1 if the sentence is true, or the number 2 if it is false.)*

___1___ **1.** Los días de la semana y los meses del año son masculinos.
(The days of the week and the months are masculine.)

___2___ **2.** Los sustantivos que terminan en *o* siempre son masculinos.
(Nouns that end in o are always masculine.)

___1___ **3.** Algunos sustantivos que terminan en *a* son masculinos.
(Some nouns that end in a are masculine.)

___1___ **4.** Hay cuatro artículos definidos en español: *el, la, los* y *las.*
(There are four definite articles in Spanish: el, la, los, and las.)

___2___ **5.** Cuando los sustantivos terminan en *es,* siempre son femeninos.
(When nouns end in es, they are always feminine.)

_____1_____ **6.** Usualmente las palabras que terminan en *dad, tad, tud, umbre, ie,* o *ión* son femininas. *(Usually words that end in dad, tad, tud, umbre, ie, or ión are feminine.)*

_____2_____ **7.** Un acento siempre permanece en el mismo lugar cuando otra terminación es añadida. *(An accent always stays in the same place when another ending is added.)*

_____1_____ **8.** Cuando se refiere a un grupo mezclado de ambos sexos, siempre se usa la forma plural masculina. *(When a group of both sexes is referred to, always use the masculine plural form.)*

Los Artículos *(Articles)*

En la línea provista escriba la letra *M* si la palabra es masculina o la letra *F* si es feminina. *(In the line provided write the letter M if the word is masculine, or the letter F if it is feminine.)*

_____F_____ **1.** mujer

_____F_____ **2.** foto

_____M_____ **3.** día

_____M_____ **4.** hijo

_____M_____ **5.** problema

_____M_____ **6.** clima

_____F_____ **7.** mano

_____M_____ **8.** mapa

El Plural *(Plural)*

Pluralice. *(Form the plurals.)*

_____los gatos_____	**1.** el gato
_____las casas_____	**2.** la casa
_____los lápices_____	**3.** el lápiz
_____las llaves_____	**4.** la llave
_____los profesores_____	**5.** el profesor
_____las cruces_____	**6.** la cruz

Las Contracciones *(Contractions)*

Traduzca. *(Translate.)*

_____ del culto _____	**1.** from the meeting (culto)
_____ a la monarquía _____	**2.** to the monarchy
_____ de la película _____	**3.** from the film
_____ al buzón _____	**4.** to the mailbox

Lección 14 *(Lesson 14)*

Dictado *(Dictation)*

▌ **Listen to the passage carefully. It will be read at normal speed several times. Write what you hear on a separate sheet of paper; check spelling and accent marks. If you need to hear the selection again, wait until the teacher asks for questions.**

Read the following excerpt from Lección 14, "Los Creyentes de España (continuación)."

En todo ese tiempo se mantuvo firme en no salir con chicos del mundo a pesar de la presión de familiares y amigos. Ella había decidido quedarse soltera si ésa era la voluntad del Señor. Pero el Señor tenía a alguien preparado para ella. Ellos se casaron felizmente, tuvieron un hijo y sirvieron al Señor fielmente en su iglesia.

Dios dio a Isabel un espíritu reflexivo y meditativo el cual se demuestra en muchas de sus poesías que siempre honran a su Dios y Señor. La siguiente es una de ellas.

"Las Promesas de Dios" por Isabel Martínez
("The Promises of God" by Isabel Martínez)

Cambie los verbos subrayados al futuro perfecto.
(Change the underlined verbs to the future perfect.)

Sus promesas <u>son</u> inmensas _____ habrán sido _____

como mares infinitos.

Hermosas e incomparables

que <u>rebosan</u> el poderío. _____ habrán rebosado _____

Ellas <u>son</u> refugio al justo, _____ habrán sido _____

y defensa que <u>dan</u> fuerza. _____ habrán dado _____

Son murallas que <u>sostienen</u>, _____ habrán sostenido _____,

castillos de fortaleza.

Ellas <u>son</u> ante la duda _____ habrán sido _____

ese faro que <u>rescata</u>, _____ habrá rescatado _____,

rodeando en la gran lucha

de extensa y espesa calma.

Sus promesas <u>son</u> eternas, _____ *habrán sido* _____

sublimes, firmes verdades,

fieles cual no se <u>hallan</u>, _____ *habrán hallado* _____,

siempre inquebrantables.

En ellas arraigadas <u>llevan</u> _____ *habrán llevado*

toda la luz que se <u>abraza</u> _____ *habrá abrazado*

de esa misteriosa certeza

de convicción maravillada.

Ellas <u>revelan</u> las fuentes _____ *habrán revelado*

que al alcance <u>tiene</u> el alma, _____ *habrá tenido*

el alma que <u>buscó</u> a Dios _____ *habrá buscado*

y en Él <u>puso</u> su esperanza. _____ *habrá puesto*

Los Adjetivos *(Adjectives)*

Traduzca. *(Translate.)*

1. the tranquil soul _____ *el alma tranquila*

2. the blue seas _____ *los mares azules*

3. the Methodist pastor _____ *el pastor metodista*

Lección 15 *(Lesson 15)*

Los Países de Sudamérica *(South American Countries)*

Unscramble first the countries and then the capitals.

El País

Argentina	**1.** tranAgine
Bolivia	**2.** iloBavi
Brasil	**3.** saBlir
Chile	**4.** heliC
Colombia	**5.** bloCioma
Ecuador	**6.** croudaE
Guayana Francesa	**7.** anyaaGu cranaFes
Guyana	**8.** nayuaG
Paraguay	**9.** yuaragaP
Perú	**10.** úrPe
Surinam	**11.** minuraS

Uruguay	**12.** rauyUgu
Venezuela	**13.** zaneuleeV

La Capital

Santiago	**1.** taigoSan
Asunción	**2.** cAnsóinu
Bogotá	**3.** toBágo
Buenos Aires	**4.** noBuse esAri
Brasilia	**5.** risilaBa
Cayena	**6.** yeanaC
Caracas	**7.** sarCaca
Quito	**8.** toQui
Lima	**9.** miLa
La Paz	**10.** La zaP
Georgetown	**11.** wetonrgeGo
Paramaribo	**12.** miarraboPa
Montevideo	**13.** nodivetoMe

Dictado _(Dictation)_

Listen to the passage carefully. It will be read at normal speed several times. Write what you hear on a separate sheet of paper; check spelling and accent marks. If you need to hear the selection again, wait until the teacher asks for questions.

Read the following excerpt from Lección 15, "La Carta de los Señores Mesura."

No nos cansamos de darle gracias al Señor que, a pesar del extremo calor, el frío también fuerte y las distintas comidas, el Señor nos cuidó de toda enfermedad. Volvimos dando múltiples gracias al Señor por las almas que hicieron profesiones de fe para salvación; también por los pastores que expresaron, con tanta sinceridad y cariño, un gran aprecio por los mensajes bíblicos que el Señor nos concedió predicarles.

Vocabulario _(Vocabulary)_

Practique el vocabulario de las Lecciones 13-15 y más. _(Practice the vocabulary from Lessons 13-15 and more.)_
Divide the class into teams; a student from each team writes the answers at the board when the teacher calls out phrases or words. Give two or three vocabulary words and challenge the students at the board to use those words in one sentence. Also add words from former chapters and lessons. Bonus points could be awarded when the students write in a tense other than the present.

For example: Venezuela, las llaves, el dictador
El dictador de Venezuela me ha dado las llaves.

Capítulo Seis ⟨ x x x x x x x x x x x x x ⟩
(Chapter 6)

Los Versículos *(Verses)*

Rellene los espacios para completar Romanos 8:13-14. *(Fill in the blanks to complete Romans 8:13-14.)*

Porque ____si____ vivís ____conforme____ a ____la carne____, moriréis;

mas si ____por____ el ____Espíritu____ hacéis ____morir____ las

____obras____ de ____la____ carne, ____viviréis____.

Porque ____todos____ los ____que____ son ____guiados____ por el

____Espíritu____ de ____Dios____, éstos ____son____ hijos ____de____ Dios.

Esgrima Bíblica *(Bible Drill)*

Encuentre la respuesta. *(Find the answer.)*

____la Biblia____ 1. Es un libro santo, inspirado por Dios. *(It is a holy book, inspired by God.)*

____crear, creó____ 2. *Hacer* es un sinónimo de este verbo y se encuentra en Génesis 1:1. *(Hacer is a synonym of this verb and it is found in Gen. 1:1.)*

____hombre____ 3. Dios lo creó y lo puso en el Edén. Él fue el primer _____. *(God created him and placed him in Eden. He was the first _____.)*

____el pecado____ 4. Es lo que nos separa de Dios y entró en el mundo por Adán. *(It is the thing that separates us from God and it entered the world through Adam.)*

____Jesucristo____ 5. Este nombre es un nombre para el Hijo de Dios y está compuesto de dos nombres. *(This name is a name for the Son of God and is composed of two names.)*

____vida eterna____ 6. Es lo contrario de muerte. Dios nos la da cuando recibimos a su Hijo y es para siempre. Son dos palabras. *(It is opposite of death. God gives this to us when we receive His Son, and it is forever. It's two words.)*

____nacer____ 7. Es un verbo. Tiene cinco letras y es lo contrario de *morir*, pero no es *vivir*. Toda persona lo experimenta una vez. *(It is a verb. It has five letters and is the opposite of to die, but it is not vivir. Everyone experiences it once.)*

____la cruz____ 8. En ella crucificaron al Señor Jesús. *(On it they crucified the Lord Jesus.)*

<u>   resucitar   </u> 9. Después de estar en la tumba al tercer día, Jesús lo experimentó. Lázaro y otros también lo experimentaron. (verbo) *(After being in the tomb, on the third day Jesus experienced it. Lazarus and others also experienced it. [verb])*

<u>   el cielo   </u> 10. Es el lugar preparado para los que aceptan a Jesús como Salvador personal. *(It is the place prepared for those who accept Jesus as personal Savior.)*

Lección 16 *(Lesson 16)*

Ejercicio Extra *(Going Beyond)*

Lea Juan 15:1-17 y relacione. No todas las opciones son usadas. *(Read John 15:1-17 and match. Not all choices are used.)*

<u> G </u> 1. continuar, estar, quedarse, habitar *(continue, be, remain, inhabit)*

<u> H </u> 2. nacer de nuevo *(to be born again)*

<u> B </u> 3. rama pequeña *(small branch)*

<u> A </u> 4. la vid verdadera *(the true vine)*

<u> C </u> 5. separados de Jesús *(separated from Jesus)*

<u> D </u> 6. si permanezco en Jesús *(if I remain in Jesus)*

<u> E </u> 7. el Padre es glorificado *(the Father is glorified)*

<u> J </u> 8. el cristiano es limpio *(the Christian is clean)*

<u> K </u> 9. améis unos a otros *(love one another)*

<u> I </u> 10. no sabe lo que hace su Señor *(he doesn't know what his master is doing)*

A. Jesucristo *(Jesus Christ)*

B. pámpano *(vine leaf; tendril)*

C. nada se puede hacer *(one can do nothing)*

D. Llevo mucho fruto. *(I bear much fruit.)*

E. si sus hijos llevan mucho fruto *(if His children bear much fruit)*

F. Cortará. *(He will cut, trim.)*

G. permanecer *(to remain)*

H. ser salvo *(to be saved)*

I. el siervo *(servant)*

J. por la Palabra *(through the Word)*

K. Es un mandamiento. *(It is a commandment.)*

Vocabulario *(Vocabulary)*

Traduzca. *(Translate.)*

el gozo	1. joy
reflejar	2. to reflect
el contrario	3. opposite
la raíz	4. root
en vez de	5. instead of
amar	6. to love
manifestar	7. to expose, manifest
cortar	8. to cut
confrontar	9. to confront
la voz	10. voice

Los Verbos: El Perfecto Condicional *(Verbs: Conditional Perfect)*

Conjugue el infinitivo de los verbos en el perfecto condicional. *(Conjugate the infinitive verb in the conditional perfect tense.)*

habrían aprendido	1. Los niños nunca *aprender* tan pronto.
habría ganado	2. Lorenzo *ganar* el juego fácilmente.
habría hablado	3. Yo *hablar* español con fluidez.
habríamos reído	4. Elsa, Lidia y yo *reir* mucho en la fiesta.
habrían comido	5. Javier y Sergio *comer* todo lo que sobró.
habría acabado	6. Sin tu ayuda yo no *acabar* a esa hora.
habría sanado	7. Si su tía hubiera tomado la medicina, ella *sanar* pronto.
habría tocido	8. Era una noche muy fría y el viaje era muy largo de lo contrario mi amigo no *toser* toda la noche.
Habría abierto	9. *Abrir* la tienda si tú me hubieras dado las llaves.
habrían impreso	10. Si el gobierno no les hubiera prohibido, ellos *imprimir* las Biblias.

Dictado *(Dictation)*

Listen to the passage carefully. It will be read at normal speed several times. Write what you hear on a separate sheet of paper; check spelling and accent marks. If you need to hear the selection again, wait until the teacher asks for questions.

Read the following excerpt from Lección 16, "Permaneced."

Tu vida no vale nada si no tienes a Cristo. La vida que tiene a Cristo tiene valor.

Una de las bendiciones al permanecer en Cristo es la oración contestada. Además tu vida y tus palabras reflejarán a la Persona con quien tu tienes compañerismo. ¿Recuerdas el refrán, "Dime con quien andas y te diré quién eres"?

Lección 17

Vocabulario *(Lesson 17: Vocabulary)*

This vocabulary review may be done individually on paper or with students working together in pairs or groups of three.

Practíquelo. Follow the teacher's instructions for this vocabulary review.
(Practice it.)

Información Importante *(Important Information)*

Fill in the blanks with the conditional perfect of the verbs in parentheses.

Si hubieras ido a México _____habrías usado_____ *(usar)* correcta- mente los pronombres personales *tú* y *usted.*

No _____habrías confudido_____ *(confundir)* los dos.

_____Habrías conocido_____ *(conocer)* acerca de la cultura mexicana. _____Habrías saludado_____ *(saludar)* a la gente dándole la mano.

_____Habrías encontrado_____ *(encontrar)* a las personas que _____habrías conocido_____ *(conocer)* y les _____habrías saludado_____ *(saludar).* Al conversar te _____habrías asegurado_____ *(asegurar)* que entendías la conversación.

No _____habrías tenido_____ *(tener)* miedo de iniciar una conversación. Los mexicanos _____habrían conversado_____ *(conversar)* contigo.

Te _____habrías familiarizado_____ *(familiarizar)* con el plan de salvación, _____habrías tenido_____ *(tener)* muchas oportunidades de compartir las Buenas Nuevas. _____Habrías llevado_____ (llevar) un instrumento

musical y _____habrías tocado_____ (tocar) en las iglesias.

Te _____habrías preparado_____ (preparar) para participar en actividades

para niños, ellos _____habrían sido_____ (ser) el medio para llevar el

evangelio a sus padres.

Dictado *(Dictation)*

Listen to the passage carefully. It will be read at normal speed several times. Write what you hear on a separate sheet of paper; check spelling and accent marks. If you need to hear the selection again, wait until the teacher asks for questions.

Read the following excerpt from Lección 17, "El Testimonio de Judit Gómez."

Estudié español porque en mi escuela secundaria un idioma extranjero era requerido. ¡Fue mi peor materia! Siempre oré para que en la clase la maestra no me preguntara ya que mi pronunciación era peor que mi gramática.

En la universidad, Dios me mostró que considerara el campo misionero.

Después de enseñar por cuatro años en los Estados Unidos, supe que Dios quería que yo fuera a México como misionera.

¿Qué puede hacer una misionera soltera?

Los Verbos *(Verbs)*

Cambie el infinitivo de los verbos al imperativo formal. *(Change the infinitive verb to the formal command.)*

_____Compre_____	1. *Comprar* el balón para el niño.
_____Traiga_____	2. *Traer* el suéter para mi tía.
_____Ate_____	3. *Atar* muy bien los animales.
_____Conviva_____	4. *Convivir* con sus vecinos.
_____Imagine_____	5. *Imaginar* que está en su país.
_____Venda_____	6. *Vender* todos los muebles.
_____Eduque_____	7. *Educar* a sus hijos.
_____Investigue_____	8. *Investigar* acerca de la primera guerra mundial.
_____Estudie_____	9. *Estudiar* durante el día.
_____Comience_____	10. *Comenzar* a trabajar temprano.

Oraciones Imperativas *(Imperative Sentences)*

Use los verbos siguientes para formar oraciones imperativas. *(Use the following verbs to form imperative sentences.)* **Answers will vary.**

1. estudiar _____ *Estudie la lección.*

2. bajar _____ *Baje la bandera.*

3. dividir _____ *Dividan las galletas.*

4. permanecer _____ *Permanezca como buen soldado.*

5. filtrar _____ *Filtre el agua.*

6. traducir _____ *Traduzca la carta.*

7. testificar _____ *Testifique de Cristo.*

8. traer _____ *Traiga los refrescos.*

El Imperativo *(Imperatives)*

Recuerde a las siguientes personas sus obligaciones. *(Remind the following people of their obligations.)*

Por ejemplo: *(For example)*

Los niños en la clase no ponen atención. *(The children in class are not paying attention.)*
Pongan atención. *(Pay attention.)*

1. Pedro debe tomar su medicina. *(Pedro ought to take his medicine.)*

   Tome su medicina.

2. Las muchachas tienen que dormirse temprano. *(The girls have to get to sleep early.)*

   Duerman temprano.

3. Yo invito a Marta a la fiesta *(venir)*. *(I invite Martha to come to the party.)*

   Venga a la fiesta.

4. Ellos necesitan estudiar para los exámenes. *(They need to study for the tests.)*

   Estudien para los exámenes.

5. Miriam es responsable de barrer el patio. *(Miriam is responsible for sweeping the patio.)*

   Barra el patio.

6. Antonio tiene que levantarse temprano. *(Antonio has to get up early.)*

   Levántese temprano.

7. Irma y Rut necesitan escribir un poema. *(Irma and Ruth need to write a poem.)*

   Escriban un poema.

8. Carlos debe pintar la casa. *(Carlos ought to paint the house.)*

Pinte la casa. _____

9. Miguel necesita dirigir el coro. *(Miguel needs to direct the choir.)*

Dirija el coro. _____

Vocabulario: Información Importante *(Vocabulary: Important Information)*

Traduzca. *(Translate.)*

___*al saludar*___	**1.** on greeting
___*to lack*___	**2.** carecer de
___*compartir*___	**3.** to share
___*darse la mano*___	**4.** to shake hands
___*to familiarize oneself*___	**5.** familiarizar
___*to begin*___	**6.** iniciar

Lección 18 *(Lesson 18)*

Esgrima Bíblica *(Bible Drill)*

Relacione la frase con la cita bíblica. No todas las opciones son usadas. *(Match the phrase with the Bible reference. Not all choices are used.)*

___J___ **1.** . . . están destituidos de la gloria de Dios.

___H___ **2.** . . . en que siendo aún pecadores, Cristo murió por nosotros.

___I___ **3.** Y en ningún otro hay salvación . . .

___A___ **4.** . . . sino que la ira de Dios está sobre él.

___G___ **5.** . . . no se pierda, mas tenga vida eterna.

___K___ **6.** . . . y yo os haré descansar.

___E___ **7.** . . . la dádiva de Dios es vida eterna.

___B___ **8.** No por obras, para que nadie se gloríe.

___D___ **9.** . . . nadie viene al Padre, sino por mí.

___F___ **10.** . . . con el corazón se cree para justicia.

A. Juan 3:36

B. Efesios 2:8-9

C. Romanos 5:12

D. Juan 14:6

E. Romanos 6:23

F. Romanos 10:9-13

G. Juan 3:16

H. Romanos 5:8

I. Hechos 4:12

J. Romanos 3:23

K. Mateo 11:28

Esgrima Bíblica (Bible Drill)

¿En qué tiempo están los verbos en los versículos siguientes? *(In which tense are the verbs in the following verses?)*

presente	**1.** ser (Romanos 6:23)
pasado	**2.** amar (Juan 3:16)
presente perfecto	**3.** dar (Juan 3:16)
presente	**4.** creer (Juan 3:16)
presente	**5.** mostrar (Romanos 5:8)
pasado	**6.** morir (Romanos 5:8)
presente	**7.** tener (Juan 3:36)
presente	**8.** creer (Juan 3:36)
futuro	**9.** ver (Juan 3:36)
presente	**10.** estar (Juan 3:36)

Los Verbos: El Subjuntivo *(Verbs: Subjunctive)*

Cambie el infinitivo de los verbos al subjuntivo. *(Change the infinitive verb to the subjunctive.)*

lea	**1.** Mi mamá quiere que ella *leer* ese libro.
vayas	**2.** Necesito que tú *ir* a la tienda.
crea	**3.** Rebeca desea que su amigo *creer* en Jesús.
conduzcan	**4.** Espero que ellos *conducir* con cuidado.
quepan	**5.** El profesor espera que todos los estudiantes *caber* en el autobús.
hagan	**6.** Claudia sugiere que los niños *hacer* la tarea el sábado.
ponga	**7.** Adela ordena que Rosa *poner* los libros en una caja.
cante	**8.** Mi amigo prefiere que yo *cantar* en el coro de la iglesia.
escoja	**9.** Los abuelos de Irene permiten que ella *escoger* su regalo de navidad.
alcance	**10.** Daniel quiere que Juan *alcanzar* el tren de las nueve de la noche.

El Subjuntivo *(Subjunctive)*

Conjugue en el subjuntivo los verbos siguientes: hablar, vivir, ver, caer y saber.
(Conjugate the following verbs in the subjunctive: . . .)

hable	hablemos
hables	habléis
hable	hablen
viva	vivamos
vivas	viváis
viva	vivan
vea	veamos
veas	veáis
vea	vean
caiga	caigamos
caigas	caigáis
caiga	caigan
sepa	sepamos
sepas	sepáis
sepa	sepan

Comunicación *(Communication)*

Traduzca. *(Translate.)*

1. Do you (familiar singular) think he notices the difference?

¿Crees (piensas) que él note la diferencia?

2. It is possible for your friend to distinguish the twins.

Es posible que tu amiga(o) distinga a los gemelos.

3. The king orders his servant to go and force the guests to enter.

El rey manda que su siervo vaya y fuerce a los invitados a entrar.

4. I doubt the principal will deny permission for the students.

Dudo que el director(a) niegue el permiso para los estudiantes.

5. I want Tina to smell the perfume before I buy it.

Quiero que Tina huela el perfume antes que yo lo compre.

6. If Alejandro comes, he wants you to gather the people.

Si viene Alejandro, él quiere que reúnas a la gente.

7. The manager wants Eduardo to evaluate the workers.

El gerente quiere que Eduardo evalúe a los trabajadores.

8. To me it seems impossible that he is coming.

Me parece imposible que él venga.

9. The Lord Jesus orders us to preach the gospel.

El Señor Jesús manda que prediquemos el evangelio.

10. I hope she knows the address.

Espero que ella sepa la dirección.

Vocabulario *(Vocabulary)*

Traduzca. *(Translate.)*

el camino	**1.** the way, road
el cielo	**2.** heaven
descansar	**3.** to rest
la fe	**4.** faith
la muerte	**5.** death
la paga	**6.** payment
el don	**7.** gift
pecar	**8.** to sin

Capítulo Siete ⟨ x x x x x x x x x x x x x x x x ⟩
(Chapter 7)

Los Versículos *(Verses)*

Escriba Salmo 107:8 y Juan 1:1-4 de memoria. Revise su trabajo. *(Write Psalm 107:8 and John 1:1-4 from memory. Check your work.)*

Salmo 107:8 *Alaben la misericordia de Jehová, Y sus maravillas para con los hijos de*

los hombres.

Juan 1:1-4 *En el principio era el Verbo, y el Verbo era con Dios, y el Verbo era Dios. Este*

era en el principio con Dios. Todas las cosas por él fueron hechas, y sin él nada de lo que

ha sido hecho, fue hecho. En él estaba la vida, y la vida era la luz de los hombres.

Lección 19 *(Lesson 19)*

Vocabulario: Noé y Su Vecino
(Vocabulary: Noah and His Neighbor)

Escriba la palabra contraria. Use un diccionario si es necesario. *(Write the opposite word. Use a dictionary if necessary.)*

aparecer	1. desaparecer
a espaldas de or atrás	2. enfrente de
la audiencia	3. el orador (*hint:* el grupo que escucha)
el castigo	4. el premio (*hint:* para el malo)
convencido	5. dudoso
desaparecer	6. aparecer
hacer reír	7. hacer llorar
hecho	8. deshecho

maldad	**9.** bondad, bueno
odiar	**10.** amar
poner atención	**11.** no hacer caso
la potestad	**12.** la debilidad
quedar	**13.** salir

Por y Para: Parte 1 _(Por and Para: Part 1)_

Traduzca. _(Translate.)_

1. He rented the car to drive it. _Answers may vary._

Él alquiló el carro para conducirlo. or Arrendó el automóvil para manejarlo.

2. She has 95 percent of the ingredients, but no sugar _(pero no el azúcar)._

Ella tiene el 95 por ciento de los ingredientes, pero no el azúcar.

3. The pigs ran through the house.

Los cerdos corrieron por la casa.

4. We studied all night for the test.

Estudiamos toda la noche para el examen.

5. Christ helps me live for Him.

Cristo me ayuda a vivir para (for) or por (through) Él.

Lección 20 _(Lesson 20)_

Vocabulario: Moisés en el Palacio _(Vocabulary: Moses in the Palace)_

Escriba la palabra contraria. _(Write the word that means the opposite.)_

adoptivo	**1.** abandonado
la cabeza	**2.** los pies

el cerro	**3.** el llano
crear	**4.** destruir
doler	**5.** curar
existir (nacer, vivir)	**6.** morir
la luna	**7.** el sol
con permiso	**8.** sin permiso
poderoso	**9.** débil
el príncipe	**10.** el vasallo
sonar	**11.** silenciar
tener miedo	**12.** tener valor

El Subjuntivo: Formando Oraciones *(Subjunctive Mood: Forming Sentences)*

Use the information given below to create ten sentences. Add words to form complete ideas. Each sentence should include a subjunctive clause. All verbs should be in present tense. *Ideas used to complete each thought will vary.*

Por ejemplo: *(For example:)*

ellos, aconsejar, yo, estudiar *(they, advise, I, study)*

Ellos aconsejan que yo estudie cada día. *(They advise me to study each day.)*

1. Yo, no creer, ella, salir

Yo no creo que ella salga.

2. Niños, desear, padres, llamar

Los niños desean que sus padres les llamen.

3. Ud., dudar, ratón, comer

Ud. duda que el ratón coma el cacahuate.

4. Ser, importante, nosotros, llegar

Es importante que nosotros lleguemos a tiempo.

5. Padres, sugerir (e>ie), jóvenes, limpiar

Sus padres sugieren que los jóvenes limpien los cuartos.

6. Ser, imposible, ladrones, vender

Es imposible que los ladrones vendan las joyas.

7. Nosotros, rogar, el director, tener

Nosotros rogamos que el director tenga misericordia con el perrito.

8. Ser, mejor, estudiantes, ayudar, pobres

Es mejor que los estudiantes ayuden a los pobres.

9. Esther, esperar (to hope), familia, viajar, en avión

Esther espera que la familia viaje en avión.

10. El Sr. Menéndez, insistir en, gato, residir (to reside, live) en

El Sr. Menéndez insiste en que el gato resida en la caja de cartón.

11. Ojalá, Dios, salvar a

Ojalá que Dios salve a toda la familia.

12. El policía, insistir en, obedecer, leyes

El policía insiste en que ellos obedezcan las leyes.

Por y Para: Parte 2 *(Por and Para: Part 2)*

Traduzca. *(Translate.)*

1. Some students need to study many hours to (in order to) make a grade of C- *(sacar una C- de calificación).*

Algunos alumnos necesitan estudiar por muchas horas para sacar una C- de calificación.

2. This puppet is for the child.

Este títere es para el niño.

3. We left for the station.

Salimos para la estación.

4. To play the piano well they have to practice.

Para tocar bien el piano tienen que practicar.

Lección 21 *(Lesson 21)*

El Camión Grande de Dieciocho Llantas *(The Big Eighteen-wheeler)*

Use el texto y cambie los verbos al futuro. *(Change the verbs to the future.)*

A las doce de la noche el camión grande de dieciocho llantas

_____*parecerá*_____ un monstruo fuerte al conductor. Él _____*estará*_____

exhausto y no _____*querrá*_____ conducir más. _____*Parará*_____ el camión, se

_____*bajará*_____ y _____*caminará*_____ alrededor de él por diez minutos.

Se ___subirá___ al camión y se ___sentará___. ___Decidirá___ dormir una hora y después, ___continuará___ el viaje. A la una y media se ___despertará___ y ___comenzará___ a conducir.

A las tres de la mañana ___manejará___ (or estará manejando) por las montañas altas. El camino ___será___ estrecho y sus ojos ___estarán___ ___cansados___. De repente ___verá___ otro camión que ___vendrá___ hacia él en la misma dirección. Él se ___asustará___. ___Empezará___ a dar vueltas al volante y ___pondrá___ los frenos con toda su fuerza. No ___querrá___ morir pero no ___podrá___ parar y el otro camión se ___acercará___ rápidamente.

¿Qué ___pasará___? ¿___Sabrá___ Ud.?

El conductor se ___despertará___ a la una. Solamente ___soñará___ (or estará soñando).

Los Números Ordinales (Ordinal Numbers)

Traduzca. *(Translate.)*

___el primer piso___	1. the first floor
___el segundo juicio___	2. the second judgment
___el tercer palacio___	3. the third palace
___el cuarto piso___	4. the fourth floor
___la séptima casa___	5. the seventh house
___el décimo príncipe___	6. the tenth prince

Dictado (Dictation)

Listen to the passage carefully. It will be read at normal speed several times. Write what you hear on a separate sheet of paper; check spelling and accent marks. If you need to hear the selection again, wait until the teacher asks for questions.

Read the following excerpt from Lección 21, "El Camión Grande de Dieciocho Llantas".

A las tres de la mañana estaba manejando por las montañas altas. El camino era estrecho y sus ojos estaban cansados. De repente vio otro camión que venía hacia él en la misma dirección. Él se asustó. Empezó a dar vueltas al volante y puso los frenos con toda su fuerza. No quería morir pero no pudo parar y el otro camión se acercaba rápidamente.

Capítulo Ocho ⟨ x x x x x x x x x x x x x ⟩
(Chapter 8)

Los Versículos (Verses)

Match the first part of each phrase of Isaiah 53:4-8 with the correct ending.

1. Ciertamente llevó él

2. y sufrió

3. y nosotros le tuvimos

4. por herido de Dios

5. Mas él herido fue por

6. molido por

7. el castigo de nuestra paz

8. y, por su llaga

9. Todos nosotros nos descarriamos

10. cada cual se apartó

11. mas Jehová cargó en él

12. Angustiado él, y afligido,

13. como cordero fue

14. y como oveja delante de sus trasquiladores,

15. Por cárcel y por juicio

16. y su generación,

17. Porque fue cortado de

18. y por la rebelión de mi

___8___ fuimos nosotros curados.

___12___ no abrió su boca;

___17___ la tierra de los vivientes,

___1___ nuestras enfermedades,

___6___ nuestros pecados;

___11___ el pecado de todos nosotros.

___15___ fue quitado;

___2___ nuestros dolores;

___7___ fue sobre él,

___13___ llevado al matadero;

___3___ por azotado,

___14___ enmudeció, y no abrió su boca.

___18___ pueblo fue herido.

___16___ ¿quién la contará?

___10___ por su camino;

___5___ nuestras rebeliones,

___9___ como ovejas,

___4___ y abatido.

Lección 22 *(Lesson 22)*

¿Estaba soñando Luisa? *(Was Luisa dreaming?)*

Usted está soñando. Su tía rica le ha dado doscientos dólares y tiene una semana de vacaciones. ¿A dónde va? ¿En qué gasta el dinero? ¿Qué hace para divertirse? Escriba un párrafo interesante.
(You are dreaming. Your rich aunt has given you two hundred dollars, and you have a week's vacation. Where are you going? On what will you spend your money? What will you do for entertainment? Write an interesting paragraph.)

Los Verbos: El Imperfecto del Subjuntivo *(Verbs: Imperfect Subjunctive Mood)*

Cambie los verbos al tiempo indicado. *(Change the verbs to the indicated tense.)*

Por ejemplo: *(For example:)*

Él tiene miedo que llueva mucho. *(imperfecto)* *(He's afraid it rains a lot. [imperfect])*

Él tenía miedo que lloviera *(lloviese)*. *(He was afraid it rained a lot.)*

1. Es posible que Susana tome el regalo. *(imperfecto)* *(imperfect; It is possible that Susana takes the gift.)*
   Era posible que Susana tomara (tomase) el regalo. _____

2. El mendigo pide a los turistas que le den dinero. *(pretérito)* *(preterite; The beggar asks the tourists to give him money.)*
   El mendigo pidió a los turistas que le dieran (diesen) dinero. _____

3. Tus padres permiten que los niños coman en la cama. *(pretérito)* *(preterite; Your parents allow the kids to eat in bed.)*
   Tus padres permitieron que los niños comieran (comiesen) en la cama. _____

4. Ellos prefieren que salgamos a tiempo. *(imperfecto)* *(imperfect; They prefer that we leave on time.)*
   Ellos preferían que saliéramos (saliésemos) a tiempo. _____

5. Juan desea que su papá le compre una bicicleta. *(condicional perfecto)* *(conditional perfect; Juan wants his dad to buy the bicycle.)*
   Juan habría deseado que su papá le comprara (comprase) una bicicleta. _____

6. Es importante que tú busques a Dios en las Escrituras. *(imperfecto)* *(imperfect; It is important for you to search for God in the Scriptures.)*
   Era importante que tú buscaras (buscases) a Dios en las Escrituras. _____

7. Su padre le aconseja que conduzca con cuidado. *(pretérito)* *(preterite; His dad advises him to drive carefully.)*
  Su padre le aconsejó que condujera (condujese) con cuidado.

_____

8. ¿Quieres que yo sea tu amigo(a)? *(condicional)* *(conditional; Do you want me to be your friend?)*
  ¿Querrías que yo sea tu amigo(a)?

_____

Lección 23 *(Lesson 23)*

Vocabulario *(Vocabulary)*

Traduzca. *(Translate.)*

acercarse	1. to approach, draw near
solitario(a)	2. lonely
la alegría	3. cheer, joy, gladness
amenazar	4. to threaten
a pesar de eso	5. in spite of that
contrario	6. opposite, contrary
dispuesto	7. ready, prepared
los llanos	8. plains
la porción	9. portion
sembrar	10. to sow, spread
mandar	11. to order, command, send
ha puesto	12. has put, has placed
el crecimiento	13. growth, increase
el colaborador	14. partner
el bautismo	15. baptism
la amistad	16. friendship
los alrededores	17. surroundings
agradecer	18. to thank

Cuestionario *(Questions) Answers will vary.*

Answers should be in complete sentences.

1. Describa la manera en que conoció a uno de sus amigos(as). *(Describe the way you met one of your friends.)*

   Conocí a mi amiga Eunice cuando salíamos de la clase de inglés en mi primer año

   de secundaria.

2. ¿Cuánto tiempo hace que conoció a su mejor amigo(a)? *(How long ago did you meet your best friend?)*

   Hace cuatro años que conocí a mi mejor amiga.

3. Describa algunas actividades que comparte con sus amigos(as). *(Describe some activities you do with your friends.)*

   Los sábados salgo con mis amigos a repartir folletos al parque, hacemos algunas

   tareas juntos, patinamos en el parque, vamos al centro de compras.

4. Escriba acerca de Jesús como un amigo. *(Write about Jesus as a friend.)*

   Jesús es un amigo fiel; podemos confiar en Él; siempre desea lo mejor para nosotros.

5. ¿Cómo ayudaría a sus amigos? *(How would you help your friends?)*

   Estudiaría con mi amigo(a). Oraría por él (ella).

Los Pronombres *(Pronouns)*

Subject	Direct Object	Indirect Object	Reflexive	Object of Preposition
yo	me	me	me	(a) mí
tú	te	te	te	(de) ti
usted	lo, la	le	se	(para) usted
él, ella	lo, la	le	se	(con) él, ella
nosotros (-as)	nos	nos	nos	(junto a) nosotros (-as)
vosotros (-as)	os	os	os	(sin) vosotros (-as)
ustedes	los, las	les	se	(cerca de) ustedes
ellos, ellas	los, las	les	se	(lejos de) ellos (-as)

Traduzca. *(Translate.)*

1. I read it *(la novela)* each year.

   Yo la leo cada año. or La leí cada año.

2. They never found it *(el bocadillo)*.

Ellos nunca lo encontraron.

3. Shut it *(la puerta)*.

Ciérrela.

4. They are watching it *(el bautismo)*.

Ellos lo miran. or Ellos lo están mirando. or Ellos están mirándolo.

5. He brings it to the class *(la colección)*.

Él la trae a la clase.

6. Everyone knows it *(el himno)*.

Todos lo saben.

7. Did you send them *(las cartas)* by mail?

¿Las enviaste por correo?

8. We have to memorize them *(las reglas)*.

Tenemos que memorizarlas.

9. Could you (tú) pass them *(los palillos [sticks])*?

¿Los podrías pasar? or ¿Podrías pasarlos?

10. They did not buy it *(el queso)*.

Ellos no lo compraron.

Dictado *(Dictation)*

Listen to the passage carefully. It will be read at normal speed several times. Write what you hear on a separate sheet of paper; check spelling and accent marks. If you need to hear the selection again, wait until the teacher asks for questions.

Read the following excerpt from Lección 22, "¿Estaba soñando Luisa?"

La primera noche que Luisa se encontró en su apartamento, recordaba lo bueno, amable y gentil que la familia Arteaga había sido con ella. Como sin conocerle por mucho tiempo, la había invitado a su casa y todos en la familia la habían tratado con mucho cariño. Al ver la ropa tan bonita que los Arteaga le habían comprado, la deliciosa comida que habían provisto para que ella llevara al apartamento y el dinero que tan generosamente le habían dado, Luisa agradecía a su Padre celestial por esta realidad en su vida. ¡No estaba soñando!

Lección 24 *(Lesson 24)*

La Primera Carta de los Señores Castillo
(The First Letter from Mr. and Mrs. Castillo) Answers may vary.

Use la expresión apropiada para contestar las preguntas siguientes. Vea también las expresiones típicas que se encuentran en el Capítulo 8.

(Use the appropriate expressions to answer the following questions. See also the typical expressions which are found in Chapter 8 of the textbook.)

1. ¿Con qué frase empezaría una carta para su amigo(a) después de "Querido amigo"? *(With what phrase would you begin a letter after "Dear Friend"?)*

   Espero te encuentres bien. or Espero te encuentres bien en compañía de tu familia. or

   Espero la estés pasando de maravilla.

2. ¿Qué frase usaría para terminar la misma carta? *(What phrase would you use to end the same letter?)*
   Quien te recuerda. Quien ora por ti.

3. Escriba la frase apropiada para empezar una carta que usted enviaría a una iglesia después de "Estimado Pastor González". *(Write an appropriate phrase to begin a letter that you would send to a church after beginning with "Dear Pastor González.")* Les saludo en el nombre de nuestro Señor Jesucristo.

4. ¿Cómo terminaría la misma carta? *(How would you end the same letter?)*

   Que el Señor le(s) bendiga.

5. ¿Qué frase usaría al empezar una carta para su amigo(a) que está de vacaciones? *(What phrase would you use to start a letter for your friend on vacation?)*

   Espero la estés pasando de maravilla.

Las Oraciones *(Sentences) Answers will vary.*

Forme oraciones con las palabras siguientes. *(Form sentences with the following words.)*

1. campamento familiar *(family camp)*

   Los señores Castillo fueron a un campamento familiar el verano pasado.

   _____

2. pasar adelante *(to go forward)*

   El último día de los servicios especiales muchas personas pasaron adelante para

   dedicar su vida al servicio del Señor.

3. hasta el día de hoy *(so far)*

   Hasta el día de hoy sólo hemos estudiado tres capítulos.

   _____

4. tener ganas de ir *(to want to go)*

   Florinda tiene ganas de ir a la conferencia bíblica.

   _____

5. iba a realizarse *(was going to take place)*

   La fiesta iba a realizarse el sábado.

   _____

6. animados *(encouraged)*

   Los jóvenes están muy animados.

   _____

7. dejar de *(to stop)*

   Finalmente Moisés dejó de resistir la voz de Dios.

   _____

8. es el deber *(it is the duty)*

   Es el deber de los hijos obedecer a sus padres.

   _____

9. despedirse *(to take leave of; to say goodbye)*

   Cada día los niños se despiden de sus maestros.

   _____

10. saludar *(to greet)*

Ellos saludaron al presidente de Chile.

_____

Vocabulario *(Vocabulary)*

Traduzca. *(Translate.)*

_____ *resistir* _____	**1.** to resist
_____ *el alma* _____	**2.** soul
_____ *las lágrimas* _____	**3.** tears
_____ *environment* _____	**4.** el ambiente
_____ *despedirse* _____	**5.** to take leave, to say good-bye
_____ *asentir* _____	**6.** to agree, assent
_____ *el desierto* _____	**7.** desert
_____ *to tell, count, give account* _____	**8.** contar
_____ *lady (dame)* _____	**9.** la dama
_____ *la costa* _____	**10.** coast
_____ *de vez en cuando* _____	**11.** occasionally
_____ *(city) block* _____	**12.** la cuadra
_____ *to stop resisting* _____	**13.** dejar de resistir
_____ *el campamento familiar* _____	**14.** family camp

El Versículo *(Verse)*

Escríbalo de memoria Hechos 4:12. *(Write Acts 4:12 from memory.)*

Y en ningún otro hay salvación; porque no hay otro nombre bajo el cielo, dado a los

hombres, en que podamos ser salvos.

_____

Read the following excerpt from Lección 24, "La Primera Carta de los Señores Castillo."

Les saludamos en el nombre de nuestro Señor Jesucristo y esperamos que se encuentren bien, animados en estudiar y hacer lo mejor para el Señor.

Nosotros vivimos veinticinco años en Chile y durante ese tiempo el Señor salvó del pecado a muchas almas. Queremos contarles como el Señor obró en el corazón del padre de unos niños que asistieron a nuestra iglesia.

Vocabulario del Mapa *(Map Vocabulary)*

Traduzca. *(Translate.)*

la biblioteca	**1.** library
la farmacia	**2.** pharmacy
la gasolinera	**3.** filling station
la librería	**4.** bookstore
la mueblería	**5.** furniture store
la taquería	**6.** taco shop
la zapatería	**7.** shoe store
Doble a la izquierda.	**8.** Turn to the left.
el banco	**9.** bench, bank
el correo	**10.** post office
la fuente	**11.** fountain
el gobierno	**12.** government
el mercado al aire libre	**13.** open-air market
la tienda de ropa	**14.** clothing store

Crucigrama: Vocabulario de Renaldo y el Mapa (Crossword Puzzle: Vocabulary from Renaldo and the Map)

Horizontal

3. shoe store
5. bookstore
8. clothing store, shop
12. the right
16. plains; fields
18. pharmacy
20. contrary; opposite
21. to threaten

Vertical

1. fountain
2. gas station
4. friendship
6. to sow; spread
7. government
9. surroundings
10. city plaza; main square
11. to order; send; command
13. left
14. post office
15. taco shop
17. bank; bench
19. joy; gladness

Capítulo Nueve ⟨ X X X X X X X X X X X X ⟩

(Chapter 9)

Los Versículos (Verses)

Escriba Juan 6:68-69 y Juan 11:25 de memoria.
Revise su trabajo. (Write John 6:68-69
and John 11:25 from memory. Check your work.)

Juan 6:68   *Le respondió Simón Pedro: Señor, ¿a quién*

iremos? Tú tienes palabras de vida eterna.

_____

_____

_____

Juan 6:69   *Y nosotros hemos creído y conocemos que*

tú eres el Cristo, el Hijo del Dios viviente.

_____

_____

_____

Juan 11:25   *Le dijo Jesús: Yo soy la resurrección y la vida;*

el que cree en mí, aunque esté muerto, vivirá.

_____

_____

_____

Lección 25: La Segunda Carta de los Señores Castillo (Lesson 25: The Second Letter from Mr. and Mrs. Castillo)

Cuestionario (Questions) Possible answers are given.

Necesitará el diccionario. (You will need a dictionary.)
Answers should be in complete sentences. Answers will vary.

1. ¿Ha sido alguna vez su país dependiente de otro país? ¿De quién y cuándo? (Has your country ever been a subject of another country? Of whom and when?)

   Sí, mi país fue dependiente de Inglaterra antes de 1776.

   _____

2. ¿Qué estación del año es en Chile cuando se celebra la independencia? *(What season is it in Chile when their independence is celebrated?)*

Es primavera cuando se celebra la independencia en Chile.

3. ¿Cuál es la capital de su país? *(What is the capital of your country?)*

La capital de mi país es Santiago.

4. ¿Para qué se usa la parrilla en un día de campo? *(What is the grill used for on a picnic?)*

La parrilla se usa para asar carne.

5. ¿Cuándo sale su familia a un día de campo? *(When does your family go out for a picnic?)*

Mi familia sale a un día de campo en año nuevo. Mi familia no tiene una fecha específica,

pero sí sale a un día de campo. Sale muchas veces por el verano.

6. ¿Qué bebidas llevan al día de campo? *(What drinks do you take on a picnic?)*

Llevamos refrescos, jugo de naranja, limonada, agua, chocolate con leche.

7. ¿Qué materiales se utilizarían para hacer volantines? *(What materials do you use to make kites?)*

Para hacer volantines se utilizaría plástico o papel, hilo, madera y pegamento o cinta

de pegar.

8. ¿Cómo prende usted el carbón en la parrilla? *(How do you light the charcoal on the grill?)*

Para prender el carbón le pongo un poco de fluido inflamable y enciendo un cerillo.

9. ¿Cuántas estrofas tiene el himno nacional de su país? *(How many verses does your country's national anthem have?)*

El himno nacional de mi país tiene tres estrofas.

10. ¿De qué habla la primera estrofa del himno nacional de su país? *(What does the first verse of your national anthem speak of?)*

La primera estrofa del himno nacional de mi país habla de un llamado a la lucha por la

independencia.

Vocabulario (Vocabulary)

Escoja la palabra apropiada. (Choose the correct word.)

_____A_____ **1.** La reunión _____ a las nueve de la mañana; todos estuvieron a tiempo.
- A. inició
- B. terminó
- C. acabó

_____C_____ **2.** Los niños jugaron con sus _____ y los volaron muy alto.
- A. juguetes
- B. balones
- C. volantines

_____B_____ **3.** Algunos se sientan en el _____ sobre frazadas porque no hay suficientes sillas para todos.
- A. banco
- B. pasto
- C. carro

_____A_____ **4.** Las _____ están listas para azar la carne y tienen suficiente carbón.
- A. parrillas
- B. mesas
- C. sopaipillas

_____B_____ **5.** Todas las familias se _____ para comer; tienen un buen compañerismo.
- A. apartan
- B. juntan
- C. arreglan

_____B_____ **6.** Buscan una _____ para cubrirse del sol.
- A. vuelta
- B. sombra
- C. bandera

_____A_____ **7.** Hoy es el día de _____—¡recordemos a nuestros héroes!
- A. independencia
- B. preparativos
- C. predicación

_____B_____ **8.** Los hoyos que cavaron para los _____ son muy profundos.
- A. adultos
- B. postes
- C. baños

<u>__C__</u> **9.** Le gustan las _____; son de pollo.
   A. frazadas
   B. delicias
   C. empanadas

<u>__A__</u> **10.** Ellos _____ contra los jóvenes un animado partido.
   A. juegan
   B. pelean
   C. ganan

Dictado *(Dictation)*

Listen to the passage carefully. It will be read at normal speed several times. Write what you hear on a separate sheet of paper; check spelling and accent marks. If you need to hear the selection again, wait until the teacher asks for questions.

Read the following excerpt from Lección 25, "La Segunda Carta de los Señores Castillo."

Terminado el almuerzo todos se reunen en las bancas para cantar las alabanzas del Señor, escuchar los testimonios y música especial, y lo más importante: la predicación. Luego, ¡fútbol! Los hombres casados juegan contra los hombres solteros; siempre un partido animado.

Ejercicio Extra *(Going Beyond)*

Escriba las oraciones y acentúe donde sea necesario. Si no necesitan acento, escriba "No lleva acento". *(Write the sentences, marking accents where they belong. If they don't need an accent, write, "Does not take an accent.")*

1. Tomate un refresco. *(Take a drink.)*

   Tómate un refresco.
   _____

2. El tomate esta fresco. *(The tomato is fresh.)*

   El tomate está fresco.
   _____

3. ¿Qué tomas, Tomas? *(What are you drinking, Tomás?)*

   ¿Qué tomas, Tomás?
   _____

4. Mi amigo viene en diciembre. *(My friend is coming in December.)*

   No lleva acento.
   _____

5. A mi me gusta el mes de diciembre. *(I like the month of December.)*

   A mí me gusta el mes de diciembre.

6. Tu papa es muy bueno. *(Your dad is very good.)*

   Tu papá es muy bueno.

7. Tu eres como tu papá. *(You are like your dad.)*

   Tú eres como tu papá.

8. La presentacion fue muy larga. *(The presentation was very long.)*

   La presentación fue muy larga.

9. Soy de Costa Rica. *(I am from Costa Rica.)*

   No lleva acento.

10. De *(give)* los juguetes a los niños. *(Give the toys to the children.)*

   Dé los juguetes a los niños.

11. Ni mas ni menos. *(No more, no less.)*

   Ni más ni menos.

12. Mas los que esperan en Dios tendrán felicidad. *(Those who wait on God will have happiness.)*

   Más los que esperan en Dios tendrán felicidad.

13. Ella envio el regalo para ti. *(She sent the gift for you.)*

   Ella envió el regalo para ti.

14. Él se quedo solo en la casa. *(He stayed alone at home.)*

Él se quedó solo en la casa.

Vocabulario *(Vocabulary)*

Traduzca. *(Translate.)*

los volantines	**1.**	kites
el pasto	**2.**	grass
el hoyo	**3.**	hole
empacar	**4.**	to pack
cavar	**5.**	to dig
el carbón	**6.**	charcoal
arreglar	**7.**	to arrange
vencer	**8.**	to conquer
la sombra	**9.**	shade
mundano	**10.**	worldly

Lección 26 *(Lesson 26)*

En la Cocina Mexicana *(In the Mexican Kitchen)*

Escriba las palabras que faltan. Use un diccionario y el libro de texto. *(Write the missing words. Use a dictionary and the textbook.)*

Elena muele los tomates en la __licuadora (blender)__. Ella calienta el aceite en la __estufa (stove)__ a fuego lento y __agrega (adds)__ dos __cucharas (teaspoons)__ de sal a la salsa. Ella __pica (chops finely)__ la __cebolla (onion)__ en cuadros pequeños y decide poner las tortillas en un __plato (plate)__ extendido. A ella le gusta poner mucho queso __adentro (inside)__ de las __enchiladas__; las disfruta con __huevos revueltos (scrambled eggs)__, __huevos fritos (fried eggs)__ y carne asada.

Enchiladas

Supongamos que la receta siguiente para enchiladas es para tres personas. Escriba la receta para seis personas. *(Pretend that the following recipe for enchiladas is for three people. Write the recipe for six people.)*

Ingredientes

Chile jalapeño o serrano	1
Tomates	2
Ajo	1 diente pequeño
Cebolla	al gusto (¼ taza)
Sal	al gusto
Tortillas	15
Queso molido	1 taza
Aceite	¼ taza

1. _____ *Chile jalapeño o serrano 2* _____

2. _____ *Tomates 4* _____

3. _____ *Ajos 2 dientes pequeños* _____

4. _____ *Cebolla al gusto (½ taza)* _____

5. _____ *Sal al gusto* _____

6. _____ *Tortillas 30* _____

7. _____ *Queso molido 2 tazas* _____

8. _____ *Aceite ½ taza* _____

Dictado *(Dictation)*

Listen to the passage carefully. It will be read at normal speed several times. Write what you hear on a separate sheet of paper; check spelling and accent marks. If you need to hear the selection again, wait until the teacher asks for questions.

Read the following excerpt from Lección 26, "En la Cocina Mexicana."

Póngalas en un plato extendido. Agregue salsa y queso encima de las enchiladas. Acompáñelas con frijoles fritos, aguacate, huevos revueltos o carne asada.

Vocabulario *(Vocabulary)*

Traduzca. *(Translate.)*

el horno	**1.** oven
el huevo	**2.** egg
la leche	**3.** milk
el azúcar	**4.** sugar
la licuadora	**5.** blender
la vainilla	**6.** vanilla
el grado	**7.** degree
la lata	**8.** can
cubrir	**9.** to cover
to withdraw	**10.** retirar
to add	**11.** agregar
to dip	**12.** meter
picar	**13.** to chop
calentar	**14.** to heat
frito	**15.** fried
to boil	**16.** hervir

Lección 27

Composición *(Composition)*

Forme oraciones basadas en "El Testimonio de Nicolás Olivero-Sello" con las palabras siguientes. *(Make sentences based on "The Testimony of Nicolás Olivero-Sello" with the following words.) Answers will vary.*

Por ejemplo: *(For example:)*

Nicolás; Nicolás es alguien de la República Dominicana. *(Nicolás is someone from the Dominican Republic.)*

1. enseñar *(to teach)* _____

_____

2. Santo Domingo _____

_____

3. niño *(child)* _____

_____

4. iglesia *(church)* _____

_____

5. servir *(to serve)* _____

_____

6. Biblia *(Bible)* _____

_____

7. escuela *(school)* _____

_____

8. testificar *(to testify)* _____

_____

9. obedecer *(to obey)* _____

_____

10. años *(years)* _____

_____

11. versículo *(verse)* _____

_____

12. asistir *(to attend)* _____

_____

Los Verbos: El Imperativo Familiar *(Verbs: Familiar Imperatives)*

Traduzca. *(Translate.)*

1. Come to the church on Sunday.

Ven a la iglesia el domingo. _____

_____

2. Go on a mission team.

Ve (vé) en un equipo misionero.

3. Pour the milk slowly into the bowl.

Vierte poco a poco la leche al tazón.

4. Sweep your room when you finish *(terminar)*.

Barre tu cuarto cuando termines.

5. Print *(imprimir)* all of your math exercises.

Imprime todos tus ejercicios de matemáticas.

6. Analyze *(analizar)* the details on that picture.

Analiza los detalles en esa pintura.

7. Stay *(permanecer)* in the will of God.

Permanece en la voluntad de Dios.

8. Throw *(tirar)* the ball to her.

Tira el globo (or la pelota) a ella.

9. Lead *(dirigir)* the games tonight.

Dirige los juegos esta noche.

10. See the slides *(las diapositivas)* about Africa.

Ve las diapositivas acerca de África.

Unos Versículos *(Some Verses)*

Look up the following verses. Copy the phrase that contains a familiar plural verb. Change the *vosotros* form of the verb to the subjunctive *ustedes* form.

Por ejemplo: *(For example:)*

Marcos 10:14 dice, "Dejad a los niños venir a mí". *(Mark 10:14 says, "Suffer the little children to come unto me.")*
"Dejen a los niños venir a mí".

> Remember that the *ad* ending for familiar plural is used in the Bible as well as in the country of Spain. In other countries, however, it is more common to use the third person plural subjunctive form. For example, the verb *buscar* is written *buscad* in Spain and *busquen* in Latin America.

1. 1 Corintios 11:24 (tres verbos)

Tomen, coman; esto es mi cuerpo que por vosotros es partido; hagan esto en memoria de mí.

2. Efesios 6:1

Hijos, obedezcan en el Señor a vuestros padres.

3. Filipenses 2:2

Completen mi gozo, sintiendo lo mismo.

4. Salmo 96:1

Canten a Jehová cántico nuevo.

5. Salmo 96:3

Proclamen entre las naciones su gloria.

6. Salmo 100:2 (dos verbos)

Sirvan a Jehová con alegría; vengan ante su presencia con regocijo.

7. Salmo 106:1

Alaben a Jehová, porque él es bueno.

_____

8. Salmo 66:8

Bendigan, pueblos, a nuestro Dios.

_____

9. Mateo 5:48

Sean, pues, perfectos.

_____

10. Juan 6:27

Trabajen, no por la comida que perece.

_____

Vocabulario *(Vocabulary)*

Traduzca. *(Translate.)*

tocante a	**1.** about, touching the matter of
escuela dominical	**2.** Sunday school
to meet, reunirse, congregate	**3.** congregarse
fundar	**4.** to found
escritor	**5.** writer
doloroso	**6.** painful, distressing
entregar	**7.** to hand over
mostrar	**8.** to show
to get involved	**9.** involucrarse
la mente	**10.** the mind

Los Verbos: Imperativos Plurales *(Verbs: Plural Imperatives)*

Traduzca las oraciones. *(Translate the sentences.)*

1. Read chapters three to five this week.

   Lean los capítulos tres al cinco esta semana.

   _____

2. Locate all the countries on the map.

   Localicen todos los países en el mapa.

   _____

3. To sing the special on Sunday, memorize it.

   Para cantar el especial el domingo memorícenlo.

   _____

4. Bring your relatives to the party.

   Traigan a sus familiares a la fiesta.

   _____

5. Write letters to your friends.

   Escriban cartas a sus amigos(as).

   _____

Vocabulario *(Vocabulary)*

Practique el vocabulario de las Lecciones 25-27. *(Practice the vocabulary from Lessons 25-27.)*

Divide the class into teams; a student from each team will write the answers at the board when the teacher calls out phrases or words. Give two or three vocabulary words from Lecciones 25-27 and challenge the students at the board to use those words in one sentence. Bonus points could be awarded when the students write in a tense other than the present.

For example: frito, cebolla, pasto

"Miguelito, no pongas las cebollas fritas en el pasto." (Miguelito, don't put the fried onions in the grass.)

Capítulo Diez ⟨ ✗ ✗ ✗ ✗ ✗ ✗ ✗ ✗ ✗ ✗ ✗ ✗ ✗ ⟩
(Chapter 10)

Los Versículos (Verses)

Rellene los espacios para completar Éxodo 20:2-17. Use la Biblia. *(Fill in the blanks to complete Exodus 20:2-17. Use the Bible.)*

Yo soy _____Jehová_____ tu Dios, que te saqué de la

_____tierra_____ de Egipto, de casa de servidumbre.

No tendrás dioses ajenos _____delante de mí_____.

No te harás _____imagen_____, ni ninguna semejanza de lo que

esté arriba en el _____cielo_____, ni abajo en la _____tierra_____,

ni en las aguas debajo de la tierra.

No te inclinarás a ellas, ni las honrarás; porque yo soy

_____Jehová_____ tu _____Dios_____, fuerte, celoso, que visito la

_____maldad_____ de los padres sobre los _____hijos_____ hasta

la tercera y cuarta _____generación_____ de los que me aborrecen,

y hago _____misericordia_____ a millares, a los que me _____aman_____

y guardan mis _____mandamientos_____.

No tomarás el _____nombre_____ de _____Jehová_____ tu Dios en

_____vano_____; porque no dará por inocente Jehová al que tomare su

_____nombre_____ en vano.

Acuérdate del día de _____reposo_____ para santificarlo.

_____Seis_____ días trabajarás, y harás toda tu _____obra_____; mas el

_____séptimo_____ día es _____reposo_____ para Jehová tu Dios; no hagas en él

obra alguna, tú, ni tu _____hijo_____, ni tu hija, ni tu siervo, ni tu criada, ni

tu _____bestia_____, ni tu extranjero que está dentro de tus _____puertas_____.

Porque en _____seis_____ días hizo Jehová los cielos y la tierra, el mar, y

todas las _____cosas_____ que en ellos hay, y reposó en el _____séptimo_____

día; por tanto, Jehová bendijo el día de _____reposo_____ y lo santificó.

Honra a tu _____padre_____ y a tu _____madre_____, para que tus días se alarguen en la _____tierra_____ que Jehová tu Dios te da.

No _____matarás_____.

No cometerás adulterio.

No hurtarás.

No hablarás contra tu prójimo _____falso_____ testimonio.

No codiciarás la casa de tu _____prójimo_____, no codiciarás la mujer de tu prójimo, ni su siervo, ni su criada, ni su _____buey_____, ni su asno, ni cosa alguna de tu _____prójimo_____.

Los Diez Mandamientos *(The Ten Commandments)*

Traduzca. *(Translate.)*

Los diez mandamientos se encuentran en dos libros de la Biblia; estos libros son Éxodo y Deuteronomio. Por medio de Moisés, Dios dio los diez mandamientos al pueblo de Israel. Los diez mandamientos son parte de la ley que Dios dio a su pueblo. Esta ley fue escrita por Dios con su propio dedo. En el Nuevo Testamento en el libro de Efesios leemos que el quinto mandamiento es el primer mandamiento con promesa. Este mandamiento ordena que los hijos honren a sus padres.

The Ten Commandments are found in two books of the Bible. These books are Exodus and Deuteronomy. Through Moses God gave the Ten Commandments to the people of Israel. The Ten Commandments are part of the law that God gave to His people. This law was written by God with His own finger. In the New Testament, in the book of Ephesians, we read that the fifth commandment is the first commandment with promise. This commandment orders children to honor their parents.

Lección 28: Cuestionario *(Lesson 28: Questions)*

Answers should be in complete sentences.

1. ¿Cuándo fue Micaela a México? *(When did Micaela go to Mexico?)*

   Micaela fue a México en el verano.

2. ¿Dónde repartieron tratados bíblicos los jóvenes del grupo? *(Where did the young people's group pass out Bible tracts?)*
   Ellos repartieron tratados bíblicos en todos los lugares de México que visitaron.

3. Describa la manera en que Micaela fue salva. *(Describe the way Micaela was saved.)*
   Micaela fue salva durante el tiempo devocional en su hogar; sus padres le mostraron

   cómo ser salva.

4. ¿A quién pertenecía el autobús en que viajaron los jóvenes a México? *(In whose bus did the young people travel to Mexico?)*
   El autobús pertenecía a la iglesia de Micaela.

5. En su opinión, ¿que quiere decir la frase "México lo tiene todo"? *(In your opinion what does the phrase "Mexico has it all" express?)* Answers will vary.
   Quiere decir que la gente de México piensa que tiene los recursos suficientes para

   resolver sus problemas, dudas y necesidades.

6. ¿Qué es *testificar* en esta lección? *(What does to testify mean in this lesson?)*

Testificar es hablar a los incrédulos de la salvación por gracia que se encuentra en Dios.

or Testificar es dar testimonio de la salvación en Dios.

7. Además de testificar oralmente ¿cómo puede el cristiano testificar de Dios a los incrédulos? *(Besides testifying orally, how can a Christian testify about God to unbelievers?)*

El cristiano puede testificar siendo un buen testimonio en el trabajo, en la escuela y en

dondequiera que esté. Puede escribir cartas mencionando el plan de salvación.

8. ¿Qué quiere decir "the Sleeping Lady" en español? *(How do you say "the Sleeping Lady" in Spanish?)*

Quiere decir la mujer durmiente. or Quiere decir la dama dormida.

9. ¿Qué lugares turísticos ha visitado? *(Which tourist locations have you visited?)*

Answers will vary.

10. ¿Qué fue lo que más le encantó de los lugares turísticos que visitó? *(What was the most fascinating place you visited?)*

Answers will vary.

Vocabulario *(Vocabulary)*

Traduzca. *(Translate.)*

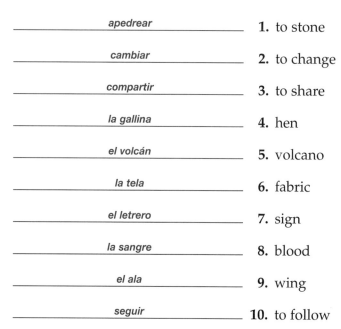

apedrear	**1.** to stone
cambiar	**2.** to change
compartir	**3.** to share
la gallina	**4.** hen
el volcán	**5.** volcano
la tela	**6.** fabric
el letrero	**7.** sign
la sangre	**8.** blood
el ala	**9.** wing
seguir	**10.** to follow

Dictado *(Dictation)*

Listen to the passage carefully. It will be read at normal speed several times. Write what you hear on a separate sheet of paper; check spelling and accent marks. If you need to hear the selection again, wait until the teacher asks for questions.

Read the following excerpt from Lección 28, "La Carta de Micaela."

En México ví un letrero que dice: "México lo tiene todo". Pero en realidad en México, en los Estados Unidos y en todo el mundo la verdad es la misma: si no tenemos Cristo, no tenemos nada.

Lección 29: Cuestionario *(Lesson 29: Questions) Answers will vary.*

Answers should be in complete sentences.

1. ¿Vive en una casa de dos pisos? *(Do you live in a two-story house?)*

_____

_____

2. ¿Cuántos cuartos tiene su casa? *(How many rooms does your house have?)*

_____

_____

3. ¿De qué color es su cuarto? *(What color is your room?)*

_____

_____

4. ¿Cómo es su cocina? *(How would you describe your kitchen?)*

_____

_____

5. ¿De qué está hecha su casa? *(What is your house made of?)*

_____

_____

6. ¿De qué color es su casa de afuera? *(What color is the outside of your house?)*

_____

_____

7. ¿Cuántas ventanas tiene su casa? *(How many windows does your house have?)*

_____

_____

8. ¿De qué están hechos los muebles de su sala? *(What is the furniture in your living room made of?)*

_____

_____

9. ¿Cuántas sillas tiene su comedor? *(How many chairs does your dining room have?)*

_____

_____

10. Describa el lugar alrededor de su casa. *(Describe the area around your house.)*

_____

_____

Su Casa *(Your House)*

Escriba la respuesta. *(Write the answer.)*

_____ el comedor _____	1. Es el lugar de su casa que se usa para comer. *(It is the place at home where you eat.)*
_____ el ropero _____	2. En esta parte de la casa se guarda la ropa y los zapatos. *(It is where you store your clothes and shoes.)*
_____ la cocina _____	3. Aquí se prepara la comida. *(Here food is prepared.)*
_____ el cuarto de reserva _____	4. Aquí se duermen los invitados. *(Guests sleep here.)*
_____ ventanas _____	5. Ellas tienen cortinas. En México pueden ser de vidrio, de plástico o de madera. *(They have curtains. In México they can be made of glass, plastic, or wood.)*
_____ puertas _____	6. Se entra y sale por ellas. Todas casas las tienen. *(One enters and leaves by these. All houses have them.)*
_____ ropa _____	7. Se fabrica de lana, seda, algodón; nos vestimos con ella. *(Made of wool, silk, cotton; we dress in these.)*
_____ despensa _____	8. Lugar donde se guardan algunos alimentos. *(Place in which food is stored.)*
_____ escalera _____	9. Se utiliza para ir de un piso a otro. *(It is used to go from one floor to another.)*
_____ lavar _____	10. Un verbo; el resultado es dejar limpio. *(A verb; the result is cleanliness.)*

Ejercicio Extra: Una Morada *(Going Beyond: A Mansion)*

Traduzca. *(Translate.)*

Have you ever imagined the house you want to live in someday? One day my friends and I went for a ride. We saw beautiful houses. Some of them were very big, and some were two stories tall. They had beautiful gardens. The different-colored flowers made the houses even more attractive (gave a beautiful view to the houses). Some houses had a playground (had outside a patio with games) for children.

Have you ever been in a palace? Perhaps we will never have a mansion here on this earth, but we can have one in heaven. The Lord Jesus Christ tells us in the Bible that in His Father's house are many mansions. He ascended to heaven to prepare a place for you and me. To go to heaven a person must receive the Lord Jesus Christ as his Savior. What do you imagine heaven—the place where Jesus is—to be like? (How do you imagine that heaven is . . . ?) What do you imagine (How do you imagine) that the mansions are like in heaven?

¿Has imaginado la casa en la que quieres vivir algún día? Un día mis amigos y yo salimos

a un paseo. Vimos casas muy bonitas (hermosas, lindas); algunas eran muy grandes y

algunas eran de dos pisos. Tenían hermosos jardines. Las diferentes flores de colores

daban una hermosa vista a las casas. Algunas casas tenían afuera un patio con juegos

para niños.

¿Has estado alguna vez en un palacio? Tal vez nunca obtendremos una mansión aquí

en esta tierra pero podemos obtener una en el cielo. El Señor Jesucristo nos dice en la

Biblia que en la casa de su Padre hay muchas mansiones. Él ascendió al cielo a preparar

un lugar para ti y para mí. Para ir al cielo cada persona tiene que aceptar al Señor

Jesucristo como su Salvador. ¿Cómo te imaginas que es el cielo—el lugar donde

Dios vive? ¿Cómo te imaginas que son las mansiones en el cielo?

Vocabulario *(Vocabulary)*

Traduzca. *(Translate.)*

el techo	**1.** ceiling
el corredor, el pasillo	**2.** hallway
la alcoba	**3.** master bedroom
coser	**4.** to sew
el cajón de juguetes	**5.** toy chest
el estudio	**6.** studio
el suelo	**7.** ground
el sótano	**8.** basement
la escalera	**9.** stairway
las puertas corredizas	**10.** sliding doors
el ropero	**11.** clothes closet
el cuarto de reserva	**12.** guest room
la buhardilla, el ático	**13.** attic
el suelo, el piso	**14.** floor
la despensa	**15.** pantry

Lección 30 *(Lesson 30)*

Escriba las palabras que faltan, usando una del banco de palabras. No todas las palabras son usadas; una está usada dos veces. *(Write the missing words using the Word Bank. Not all words are used; one is used twice.)*

africanos	Dominicana	haitianos	para
cañaverales	dominicanos	independencia	primeros
catedral	el	isla	Puerto Rico
ciudad	en	mismo	que
colonizar	entrar	nativos	Quisqueya
construyeron	escogieron	Nuevo	Santo
cuatro	española	obtuvieron	trabajar
cuatrocientos	está	otra	trajeron
de	hablan	país	una
dominado	Haití	palacio	veintidós

(Mismo and palacio are not used; una is used twice.)

La República Dominicana *por Nicolás Olivero-Sello*

La República ___Dominicana___ es un ___país___ latino y al mismo tiempo

es una ___isla___ del Caribe. ___Está___ entre Cuba y ___Puerto___

___Rico___ y es parte ___de___ la isla la Hispañola. La ___otra___ parte es

___Haití___. Los dominicanos ___hablan___ español debido a la influencia

___española___.

___En___ mil ___cuatrocientos___ noventa y dos los europeos vinieron a

___colonizar___ el Nuevo Mundo. ___Escogieron___ la Hispañola

___para___ establecer ___una___ base en ___que___ pudieran ___entrar___ y

salir. Por eso ___construyeron___ la ciudad de ___Santo___ Domingo y

todavía la ___ciudad___ tiene los ___primeros___ edificios del

___Nuevo___ Mundo: ___el___ primer hospital, la primera ___catedral___,

el primer palacio y muchos otros.

Los ___dominicanos___ son ___una___ mezcla de ___africanos___,

europeos y ___nativos___. Los españoles ___trajeron___ a los africanos

para ___trabajar___ en los ___cañaverales___. Los nativos llamaban la

isla ___Quisqueya___. En mil ochocientos cuarenta y ___cuatro___, los

dominicanos ___obtuvieron___ la ___independencia___ de los

___haitianos___ que habían ___dominado___ la isla por ___veintidós___

años.

Cuestionario *(Questions)*

Answers should be in complete sentences.
Answers will vary. Possible answers are given.

1. ¿En qué continente está su país? *(In which continent is your country?)*

   Mi país está en el continente americano.

   _____

2. ¿Entre qué países está su país? *(Between what other countries is your country located?)*

   Mi país está entre Cuba y Puerto Rico. or Mi país está entre los países de Cuba

   y Puerto Rico.

3. ¿Cuál es el idioma oficial del país que está al norte de su país? *(What is the official language of the country north of your country?)*

   El idioma oficial del país al norte de mi país es el francés.

   _____

4. ¿Cuál es el idioma oficial de su país? *(What is the official language of your country?)*

   El idioma oficial de mi país es el francés.

   _____

5. Describa la ciudad donde usted vive. *(Describe the city where you live.)*

   La ciudad donde vivo tiene montañas hermosas, playas, hermosas flores; hay un

   zoológico; hay edificios muy grandes y la gente es amable.

6. El turismo es lo más importante en la economía de mi país. ¿Qué piensa usted es lo más importante en la economía de su país? *(Tourism is the most important economic resource of my country. What do you think is the most important economic resource of your country?)*

   Pienso que la agricultura es lo más importante en la economía de mi país.

7. ¿Cuáles son algunos productos agrícolas que se cosechan en su país? *(What are some agricultural crops raised in your country?)*

   El café, la naranja, el azúcar, el cacao y el mango son algunos productos agrícolas

   que se cosechan en mi país.

8. Mencione un lugar turístico de su país. *(Mention a tourist site of your country.)*

   Las playas son un lugar turístico en mi país.

   _____

Los Verbos *(Verbs)*

Use los verbos siguientes para formar oraciones imperativas familiares negativas. *(Use the following verbs to make negative familiar imperative sentences.)*

Por ejemplo: *(For example) Answers will vary; the negative verb conjugation is listed.*

escoger; No escojas el barato. *(to choose; Don't choose the cheap one.)*

1. obtener _no obtengas_ _____

_____

_____

2. ser _no seas_ _____

_____

_____

3. venir _no vengas_ _____

_____

_____

4. construir _no construyas_ _____

_____

_____

5. entrar _no entres_ _____

_____

_____

6. traer _no traigas_ _____

_____

_____

7. llamar _no llames_ _____

_____

_____

_____

8. visitar <u>*no visites*</u>

9. reir <u>*no te rías*</u>

Los Mandamientos *(The Commandments)*

Cambie los imperativos negativos familiares que se encuentran en los mandamientos a la forma presente de subjuntivo. *(Change the negative familiar imperatives found in the commandments to the present subjunctive.)*

Por ejemplo: *(For example)*

No tendrás dioses ajenos delante de mí.

Subjuntivo: No tengas dioses ajenos delante de mí. *(Thou shalt have no other gods before me.)*

1. No te harás imagen.

> *No te hagas imagen.*

2. No te inclinarás a ellas, ni las honrarás.

> *No te inclines a ellas, ni las honres.*

3. No tomarás el nombre de Jehová tu Dios en vano.

> *No tomes el nombre de Jehová tu Dios en vano.*

4. No matarás.

> *No mates.*

5. No cometerás adulterio.

> *No cometas adulterio.*

6. No hurtarás.

> *No hurtes.*

7. No hablarás contra tu prójimo falso testimonio.

No hables contra tu prójimo falso testimonio.

_____

8. No codiciarás la casa de tu prójimo.

No codicies la casa de tu prójimo.

_____

Vocabulario *(Vocabulary)*

Traduzca. *(Translate.)*

latest, modern	**1.** el último
escoger	**2.** to select, choose
spice	**3.** la especia
to lack, to be wanting	**4.** carecer
cañaveral	**5.** sugar cane field
el turismo	**6.** tourism
clara	**7.** clear
corrida de toros	**8.** bullfighting
technology	**9.** la tecnología
cortesía	**10.** courtesy

Dictado *(Dictation)*

Listen to the passage carefully. It will be read at normal speed several times. Write what you hear on a separate sheet of paper; check spelling and accent marks. If you need to hear the selection again, wait until the teacher asks for questions.

Read the following excerpt from Lección 30, "La República Dominicana por Nicolás Olivero-Sello."

La influencia española se encuentra en la comida, los días santos, la religión católica, la corrida de toros y en otros aspectos. La influencia caribeña se encuentra en la música tropical y en las especias para las comidas. Esta isla tiene montañas hermosas, playas llenas de agua clara con arena pura y hermosas flores. Los habitantes siempre son amables y cordiales con los turistas.

Capítulo Once ⟨ ✗ ✗ ✗ ✗ ✗ ✗ ✗ ✗ ✗ ✗ ✗ ✗ ✗ ✗ ⟩
(Chapter 11)

Los Versículos *(Verses)*

Escriba los versículos Hebreos 4:12 y 2 Timoteo 3:14-15 de memoria. *(Write the verses Hebrews 4:12 and II Timothy 3:14-15 from memory.)*

Hebreos 4:12 *Porque la palabra de Dios es viva y eficaz, y*

más cortante que toda espada de dos filos; y penetra hasta

partir el alma y el espíritu, las coyunturas y los tuétanos,

y discierne los pensamientos y las intenciones del corazón.

_____

_____

_____

2 Timoteo 3:14-15 *Pero persiste tú en lo que has aprendido*

y te persuadiste, sabiendo de quién has aprendido; y que

desde la niñez has sabido las Sagradas Escrituras, las

cuales te pueden hacer sabio para la salvación por la fe

que es en Cristo Jesús.

_____

_____

Cuestionario *(Questions)*

Necesitará usar la Biblia para contestar algunas preguntas. *(You will need to use your Bible to answer some of the questions.)*

1. ¿Cuál es otro nombre para la Palabra de Dios? *(What is another name for the Word of God?)*
   Otro nombre para la Palabra de Dios es las Escrituras.

_____

2. ¿Cuál es la palabra contraria de la palabra *viva*? *(What is the opposite word for the word living?)*
   Muerta es lo contrario de viva.

_____

3. ¿Cuál es un sinónimo de la palabra *epístola*? *(What is a synonym for the word epistle?)*
   Carta es un sinónimo de epístola.

4. ¿Quién es el escritor de la epístola a Timoteo? *(Who wrote the epistle to Timothy?)*
   El apóstol Pablo es el escritor.

5. ¿Desde cuándo había sabido Timoteo las Sagradas Escrituras? *(How long had Timothy known the Holy Scriptures?)*
   Desde la niñez había sabido Timoteo las Sagradas Escrituras.

Lección 31: Las Palabras *(Lesson 31: Words)*

Describa las palabras. *(Describe the words.) Answers will vary.*

Por ejemplo: *(For example:)*

Biblia; Es un libro inspirado por Dios y se divide en el Antiguo y el Nuevo Testamentos. *(Bible; It is a book inspired by God and is divided into the Old and New Testaments.)*

1. lluvia *La lluvia es el agua que cae de las nubes.*

2. país *Paraguay, Brasil, Canadá, España e Italia son países.*

3. cerros *Los cerros son más bajos que las montañas.*

4. año *Hay doce meses en el año.*

5. seco *sin agua; lo opuesto de mojado*

6. visitante *El visitante visita a un lugar o a otra persona.*

7. muro _El muro es una pared para proteger una casa o pueblo._

8. taza _La taza es como un vaso; puede contener té._

9. beber _tomar agua o café por la boca_

10. hoja _Las hojas están en plantas y árboles; son verdes; caen de plantas durante_ _el otoño frío._

Cuestionario *(Questions)*

1. ¿Cómo se llamaban los nativos de Paraguay? *(What were Paraguayan natives called?)*
   Los nativos de Paraguay se llamaban los guaraní.

2. ¿Qué es lo que hace a Paraguay un país verde y hermoso? *(What makes Paraguay a beautiful and green country?)*
   La mucha lluvia hace a Paraguay un país verde y hermoso.

3. ¿Quiénes invadieron Paraguay? *(Who invaded Paraguay?)*
   Los españoles invadieron Paraguay.

4. ¿Qué hay alrededor de casi todas las casas en Paraguay? *(What surrounds almost all Paraguayan homes?)*
   Alrededor de casi todas las casas en Paraguay hay muros altos.

5. ¿Qué mano usa el paraguayo cuando necesita dar algo? *(Which hand does a Paraguayan use when he needs to give something?)*
   El paraguayo siempre usa la mano derecha cuando necesita dar algo.

6. ¿Qué mano usa usted cuando necesita dar algo? *(Which hand do you use when you need to give something?)*
   Yo uso la derecha. or _Yo uso la izquierda._

Pan Dulce Paraguayo (Navideño) *(Paraguayan Sweet Bread [Christmas Season])*

Supongamos que la receta para Pan Dulce Paraguayo es para ocho personas. Escriba la receta para veinticuatro personas. *(Suppose that the recipe for sweet bread is for eight people. Write the recipe for twenty-four people.)*

Ingredientes

¼   taza levadura (yeast)
½   taza leche tibia
6-8½   tazas harina
6   huevos
1   taza azúcar
1½   tazas mantequilla
2   tazas frutas abrillantadas (confitadas)
1   cuchara estracto de malta
2   cucharas solución saborizante (como vainilla)
½   taza nueces tostadas

1. ___3/4 taza levadura (yeast)___

2. ___1½ tazas leche tibia___

3. ___18-25½ tazas harina___

4. ___18 huevos___

5. ___3 tazas azúcar___

6. ___4½ tazas mantequilla___

7. ___6 tazas frutas abrillantadas___

8. ___3 cucharas estracto de malta___

9. ___6 cucharas solución saborizante (como vainilla)___

10. ___1½ tazas nueces tostadas___

Los Imperativos *(Imperatives)*

Escriba el párrafo siguiente cambiando cada imperativo formal al imperativo familiar. *(Write the following paragraph, changing each formal imperative to the familiar imperative.)*

Por ejemplo: *(For example)*

Disuelva la levadura en la leche tibia. *(Dissolve the yeast in lukewarm water.)*
Usted escribe, "Disuelve la levadura en la leche tibia". *(You write, "Disuelve la levadura en la leche tibia.")* Disuelva comes from disolver: stem changes o to ue.

Disuelva la levadura en la leche tibia. En un tazón grande mezcle la mantequilla, los huevos, el azúcar, el estracto de malta y la solución saborizante. Poco a poco agregue la harina. Agregue la levadura disuelta y amace. Deje reposar por una hora. Agregue las frutas y las nueces. Entonces amace. Corte en trozos del tamaño deseado. Ponga en los moldes pequeños (puede usar latitas de atún) y deje reposar por otra hora. Hornee alrededor de quince minutos a 350 grados F.

Disuelve la levadura en la leche tibia. En un tazón grande mezcla la mantequilla, los

huevos, el azúcar, el estracto de malta y la solución saborizante. Poco a poco agrega

la harina. Agrega la levadura disuelta y amasa. Deja reposar por una hora. Agrega las

frutas y las nueces. Entonces amasa. Corta en trozos del tamaño deseado. Pon en los

moldes pequeños (puede usar latitas de atún) y deja reposar por otra hora. Hornea

alrededor de quince minutos a 350 grados F.

Las Recetas *(Recipes)*

Traduzca las recetas siguientes. *(Translate the following recipes.)*

Instant Pudding

Open the box and empty the contents into a large bowl. Add two cups of cold milk, and stir until dissolved. Pour into small containers. Place in refrigerator until cold. Enjoy it.

Pudín Instantáneo

Abra la caja y vacíe el contenido en un tazón grande. Agregue dos tazas de leche fría

y rodee hasta disolver. Vacíe en moldes pequeños. Ponga en el refrigerador hasta

que se enfríe. ¡Disfrútelo!

Instant Gelatin

Stir one cup boiling water into gelatin in medium bowl at least two minutes until completely dissolved. Stir in one cup cold water. Refrigerate four hours or until firm.

Gelatina Instantánea

En un tazón mediano con una taza de agua hirviendo vacíe el contenido y rodee

al menos por dos minutos hasta disolver completamente. Agregue una taza de

agua fría. Refrigere por cuatro horas o hasta cuajar.

Vocabulario *(Vocabulary)*

Traduzca. *(Translate.)*

to slurp	**1.** sorber
situado	**2.** located
el muro	**3.** wall
a la mitad	**4.** halfway
agregar	**5.** to add
dar palmadas	**6.** to clap
invadir	**7.** to invade
la madera	**8.** wood
la hoja	**9.** leaf
meterse	**10.** to be inserted

Lección 32 *(Lesson 32)*

Escriba una oración breve describiendo cada país. *(Write a brief sentence describing each country.)* Answers will vary.

Por ejemplo: *(For example)*

México; México está al sur de los Estados Unidos. *(Mexico; Mexico is located to the south of the United States.)*

México _____

_____

Guatemala _____

_____

El Salvador _____

_____

Honduras _____

_____

Costa Rica _____

_____

Nicaragua _____

_____

Panamá _____

_____

Cuba _____

_____

República Dominicana _____

_____

Puerto Rico _____

_____

Ejercicio Extra: Las Nacionalidades (Going Beyond: Nationalities)

Escriba la nacionalidad que corresponde a los países siguientes. *(Write the nationality that corresponds to the following countries.)*

_____ mexicano _____	1. México
_____ guatemalteco _____	2. Guatemala
_____ salvadoreño _____	3. El Salvador
_____ hondureño _____	4. Honduras

costarricense, costarriqueño	**5.** Costa Rica
nicaragüense	**6.** Nicaragua
panameño	**7.** Panamá
cubano	**8.** Cuba
dominicano	**9.** República Dominicana
puertorriqueño	**10.** Puerto Rico

Dictado _(Dictation)_

Listen to the passage carefully. It will be read at normal speed several times. Write what you hear on a separate sheet of paper; check spelling and accent marks. If you need to hear the selection again, wait until the teacher asks for questions.

Read the following excerpt from Lección 31, "Paraguay."

Alrededor de casi todas las casas hay muros altos. El visitante nunca abre la puerta del muro ni camina por el patio sin permiso. El visitante da palmadas, si no hay timbre, y espera al dueño. Más tarde, al despedirse, el dueño acompaña al visitante a la entrada y muchas veces camina un poco con él.

El paraguayo siempre usa la mano derecha cuando necesita dar o pasar algo. Si no puede usar la derecha dice, "Perdón la izquierda", y después, usa la izquierda.

Lección 33 _(Lesson 33)_

Conteste las preguntas. _(Answer the questions.)_ **Answers will vary.**

1. ¿Cuál es usualmente su horario los domingos? _(What is your usual Sunday schedule?)_

   _____

   _____

2. ¿A qué hora se levanta normalmente en la semana? _(When [at what hour] do you normally get up during the week?)_

   _____

   _____

3. ¿Qué hace después de levantarse? _(What do you do after getting up?)_

   _____

   _____

4. ¿A qué hora se acuesta? _(When do you go to bed?)_

   _____

   _____

5. ¿A qué hora desayuna? *(When do you eat breakfast?)*

_____

_____

6. ¿Cuándo estudia? *(When do you study?)*

_____

_____

7. ¿Ha estado enfermo(a) alguna vez? Explique. *(Have you been sick at some time? Explain.)*

_____

_____

8. ¿Qué es una clínica? *(What is a clínica?)*

_____

_____

Ejercicio Extra *(Going Beyond)*

Traduzca el párrafo siguiente al inglés y escriba tres preguntas en español.
(Translate the following paragraph to English and write three questions about it in Spanish.)

Sergio

El bebé despertó muy contento esta mañana. Él se llama Sergio y tiene once meses. Cerca de las dos de la tarde Sergio estaba diferente. Estaba llorando, no quería jugar y parecía que todo le molestaba. Su mamá descubrió que Sergio tenía fiebre; estaba muy caliente y su carita estaba roja. Sergio se tomó la medicina que su mamá le dio. "Pobre Sergio, espero que la medicina le quite la fiebre", dijo su mamá.

The baby awoke very happy this morning. His name is Sergio, and he is eleven months

old. About two o'clock in the afternoon Sergio was different. He was crying, he did not

want to play, and it seemed like everything bothered him. His mother discovered that

Sergio had a fever; he was very hot and his little face was red. Sergio took the medicine

that his mother gave him. "Poor Sergio, I hope that the medicine stops his fever,"

said his mother.

_____

_____

_____

Cuestionario *(Questions)* Questions will vary.

1. _____

2. _____

3. _____

Vocabulario *(Vocabulary)*

Traduzca. *(Translate.)*

_____*la lucha*_____	**1.** struggle
_____*el peligro*_____	**2.** danger
_____*exhausted*_____	**3.** acabada, or fatigada
_____*curar*_____	**4.** to cure
_____*childbirth*_____	**5.** el parto
_____*la espada*_____	**6.** sword
_____*surgery*_____	**7.** la cirugía
_____*tal*_____	**8.** such

Dictado *(Dictation)*

Listen to the passage carefully. It will be read at normal speed several times. Write what you hear on a separate sheet of paper; check spelling and accent marks. If you need to hear the selection again, wait until the teacher asks for questions.

Read the following excerpt from Lección 33, "El Típico Día Africano."

Después, salimos a los campamentos nómadas que están cerca y lejos para hablar a la gente de Jesús. Frecuentemente tenemos que curar a personas heridas a causa de luchas con espadas o que se han caído de un camello. ¡A veces nuestros pacientes son camellos o caballos heridos! Por las noches estudiamos, escribimos cartas, preparamos mensajes—si no somos interrumpidos por personas que han sido mordidas por un camello, una serpiente o un escorpión. Nuestro ministerio dura veinticuatro horas cada día de la semana. Pero, ¡qué gozo al ver musulmanes conocer a Cristo como su Salvador!

Vocabulario *(Vocabulary)*

Practique el vocabulario de las Lecciones 31-33. *(Practice the vocabulary from Lessons 31-33.)*

Divide the class into teams; a student from each team will write the answers at the board when the teacher calls out phrases or words. Give two or three vocabulary words and challenge the students at the board to use those words in one sentence. Bonus points could be awarded when the students write in a tense other than the present.

For example: invadir, salvadoreño, lucha

Los salvadoreños han invadido y hay una lucha terrible.

Capítulo Doce ⟨ X X X X X X X X X X X X X X ⟩
(Chapter 12)

Los Versículos *(Verses)*

Escriba los versículos Éxodo 3:14 y Juan 8:56-58; 10:30; 14:9 de memoria.
(Write verses Exodus 3:14 and John 8:56-58; 10:30; 14:9 from memory.)

Éxodo 3:14 *Y respondió Dios a Moisés: Yo Soy El que Soy. Y dijo:*

Así dirás a los hijos de Israel: Yo Soy me envió a vosotros.

_____

_____

Juan 8:56-58 *Abraham vuestro padre se gozó de que había de ver*

mi día; y lo vio, y se gozó. Entonces le dijeron los judíos: Aún no

tienes cincuenta años, ¿y has visto a Abraham? Jesús les dijo:

De cierto, de cierto os digo: Antes que Abraham fuese, yo soy.

_____

_____

_____

Juan 10:30 *Yo y el Padre uno somos.*

_____

_____

Juan 14:9 *El que me ha visto a mí, ha visto al Padre.*

_____

Lección 34: Cuestionario *(Lesson 34: Questions)*

Lucas 2:1-20, 52 *(Luke 2:1-20, 52)*

1. ¿Cuál fue el edicto que Augusto César promulgó? *(What was the edict that Caesar Augustus decreed?)*
El edicto que Augusto César promulgó fue que todo el mundo fuese empadronado.

_____

2. ¿Para qué fueron José y María a Belén? *(Why did Joseph and Mary go to Bethlehem?)*
   Ellos fueron a Belén para ser empadronados.

3. ¿Dónde vivían José y María? *(Where did Joseph and Mary live?)*
   Ellos vivían en la ciudad de Nazaret.

4. ¿Qué sucedió a María en Belén? *(What happened to Mary while in Bethlehem?)*
   Dio a luz a su hijo primogénito.

5. ¿Por qué María acostó a su bebé en un pesebre? *(Why did Mary lay her baby in a manger?)*
   No había lugar para ellos en el mesón.

6. ¿Quién se presentó a los pastores? *(Who appeared to the shepherds?)*
   Un ángel del Señor se presentó a los pastores.

7. ¿Cómo reaccionaron los pastores? *(How did the shepherds react?)*
   Los pastores tuvieron gran temor.

8. ¿Cuáles son las buenas nuevas que el ángel dio a los pastores? *(What is the good news that the angels told the shepherds?)*
   Les contó del nacimiento del Salvador.

9. ¿Qué hicieron los pastores después que los ángeles se fueron al cielo? *(What did the shepherds do after the angels returned to heaven?)*
   Los pastores fueron a Belén a buscar al Salvador (recién nacido).

10. ¿Cómo fueron los pastores a Belén? (Hint: ¿Despacio?) *(How did the shepherds go to Bethlehem? [Hint: Slowly?])*
    Ellos fueron apresuradamente.

11. ¿Cómo volvieron los pastores después de ver a María, a José y al niño?
(How did the shepherds return after seeing Mary, Joseph, and the baby?
Ellos volvieron glorificando y alabando a Dios.

12. ¿Qué es un edicto? *(What is an edict/decree?)*

Un edicto es una orden; una ley.

13. ¿Qué significa *primogénito*? *(What is the meaning of the word* primogénito?*)*

Primogénito significa primer hijo.

14. ¿Qué es un pastor de acuerdo a esta lectura? *(What is a pastor according to this story?)*

Un pastor es alguien que cuida las ovejas.

15. ¿En qué áreas crecía Jesús? *(In what areas did Jesus grow?)*

Jesús crecía en sabiduría, en estatura y en gracia (para con Dios y los hombres).

Los Verbos: El Futuro *(Verbs: Future tense)*

Cambie los verbos subrayados de Lucas 2:1-7 al tiempo futuro. *(Change the underlined verbs from Luke 2:1-7 to future tense.)*

1 Aconteció en aquellos días, que se promulgó un edicto de parte de Augusto César, que todo el mundo fuese empadronado.

2 Este primer censo se hizo siendo Cirenio gobernador de Siria.

3 E iban todos para ser empadronados, cada uno a su ciudad.

4 Y José subió de Galilea, de la ciudad de Nazaret, a Judea, a la ciudad de David, que se llama Belén, por cuanto era de la casa y familia de David;

1. _____*Acontecerá*_____

   _____*promulgará*_____

2. _____*hará*_____

3. _____*irán*_____

4. _____*subirá*_____

   _____*llamará*_____

   _____*será*_____

5 para ser empadronado con María su mujer, desposada con él, la cual <u>estaba</u> encinta.

6 Y <u>aconteció</u> que estando ellos allí, se <u>cumplieron</u> los días de su alumbramiento.

7 Y <u>dio</u> a luz a su hijo primogénito, y lo <u>envolvió</u> en pañales, y lo <u>acostó</u> en un pesebre, porque no <u>había</u> lugar para ellos en el mesón.

5. _____ *estará*

6. _____ *acontecerá*

_____ *cumplirán*

7. _____ *dará*

_____ *envolverá*

_____ *acostará*

_____ *habrá*

Cuestionario: Lucas 3:21-23, 4:1-2 *(Questions: Luke 3:21-23, 4:1-2)*

1. ¿Cuándo fue bautizado Jesús? *(When was Jesus baptized?)*

Jesús fue bautizado cuando todo el pueblo se bautizaba.

2. ¿Qué descendió sobre Jesús cuando fue bautizado? *(What descended upon Jesus when He was baptized?)*

El Espíritu Santo descendió sobre Él.

3. Cuando Jesús fue bautizado vino una voz del cielo. ¿Qué decía esa voz? *(When Jesus was baptized a voice came from heaven. What did the voice say?)*

Esa voz decía "Tú eres mi Hijo amado; en ti tengo complacencia".

4. ¿Cuántos años tenía Jesús cuando comenzó su ministerio? *(How old was Jesus when he began his ministry?)*

Jesús tenía como treinta años cuando comenzó su ministerio.

5. ¿Cómo era Jesús al volver del Jordán? *(What was Jesus like when he returned from the Jordan?)*

Jesús volvió del Jordán lleno del Espíritu Santo.

6. ¿Por quién fue tentado Jesús y en dónde? *(By whom was Jesus tempted and where?)*

Jesús fue tentado por el diablo en el desierto.

Composición: Lucas 7:19-23 *(Composition: Luke 7:19-23)*

Escriba cinco preguntas posibles con respuestas del siguiente pasaje. *(Write five possible questions with their answers from the following passage.)*

19 Y los envió a Jesús, para preguntarle: ¿Eres tú el que había de venir, o esperaremos a otro?

20 Cuando, pues, los hombres vinieron a él, dijeron: Juan el Bautista nos ha enviado a ti, para preguntarte: ¿Eres tú el que había de venir, o esperaremos a otro?

21 En esa misma hora sanó a muchos de enfermedades y plagas, y de espíritus malos; y a muchos ciegos les dio la vista.

22 Y respondiendo Jesús, les dijo: Id, haced saber a Juan lo que habéis visto y oído: los ciegos ven, los cojos andan, los leprosos son limpiados, los sordos oyen, los muertos son resucitados, y a los pobres es anunciado el evangelio;

23 y bienaventurado es aquel que no halle tropiezo en mí.

1. *Questions and answers will vary.* _____

_____

_____

2. _____

_____

_____

3. _____

_____

_____

4. _____

_____

_____

5. _____

_____

_____

Cuestionario: Lucas 8:22-25 *(Questions: Luke 8:22-25)*

1. ¿En qué medio de transporte viajaban el Señor Jesús y sus discípulos en esta ocasión? *(By what means of transportation did the Lord Jesus and His disciples journey on this occasion?)*
   Ellos viajaban en una barca.

2. ¿Qué hizo el Señor Jesús mientras viajaban? *(What did Jesus do as they were traveling?)*
   Mientras viajaban el Señor Jesús se durmió.

3. ¿Qué sucedió en el lago mientras viajaban? *(What happened on the lake as they traveled?)*
   Mientras viajaban se desencadenó una tempestad de viento en el lago.

4. ¿Quiénes despertaron al Señor Jesús y por qué? *(Who awakened Jesus and why?)*
   Los discípulos despertaron al Señor Jesús porque se anegaban y peligraban a causa de
   la tempestad.

5. ¿Qué hizo el Señor Jesús al despertar? *(On awaking, what did Jesus do?)*
   Al despertar el Señor Jesús reprendió al viento y a las olas.

6. Después de calmar la tempestad, ¿qué preguntó el Señor Jesús a los discípulos? *(After calming the storm, what did Jesus ask the disciples?)*
   Él les preguntó ¿dónde está vuestra fe?

7. ¿Qué se preguntaban los discípulos acerca del Señor Jesús? *(What did the disciples ask about the Lord Jesus?)*
   Ellos se preguntaban, ¿quién es éste, que aun a los vientos y a las aguas manda,
   y le obedecen?

Los Verbos: El Presente (Lucas 8:22-25) *(Verbs: Present tense [Luke 8:22-25])*

Cambie los verbos subrayados del pasaje siguiente al tiempo presente. *(Change the underlined verbs of the following passage to the present tense.)*

22 <u>Aconteció</u> un día, que <u>entró</u> en una barca con sus discípulos, y les <u>dijo</u>: Pasemos al otro lado del lago. Y <u>partieron</u>.

22.	
	Acontece
	entra
	dice
	parten

23 Pero mientras navegaban, él
se durmió. Y se desencadenó una
tempestad de viento en el lago;
y se anegaban y peligraban.

24 Y vinieron a él y le despertaron,
diciendo: ¡Maestro, Maestro, que
perecemos! Despertando él, reprendió
al viento y a las olas; y cesaron, y se
hizo bonanza.

25 Y les dijo: ¿Dónde está vuestra fe?
Y atemorizados, se maravillaban, y
se decían unos a otros: ¿Quién es éste,
que aun a los vientos y a las aguas
manda, y le obedecen?

23. _____ navegan
_____ duerme
_____ desencadena
_____ anegan
_____ peligran

24. _____ vienen
_____ despiertan
_____ reprende
_____ cesan
_____ hace

25. _____ dice
_____ maravillan
_____ dicen

Cuestionario: Lucas 23:33-46 *(Questions: Luke 23:33-46)*

1. ¿Dónde crucificaron al Señor Jesús? *(Where did they crucify the Lord Jesus?)*

   En un lugar llamado de la Calavera crucificaron al Señor Jesús.

   _____

2. ¿Quiénes fueron crucificados junto con el Señor Jesús? *(Who was crucified together with the Lord Jesus?)*
   Dos malhechores fueron crucificados junto con el Señor Jesús.

   _____

3. ¿Cómo se burlaban los gobernantes del Señor Jesús? *(What kind of ridicule were the leaders giving to the Lord Jesus?)*
   Los gobernantes se burlaban de Él, diciendo, "A otros salvó; sálvese a sí mismo,

   si éste es el Cristo, el escogido de Dios".

4. ¿Quiénes escarnecían al Señor Jesús presentándole vinagre? *(Who was mocking the Lord Jesus by presenting Him vinegar?)*
   Los soldados le escarnecían presentándole vinagre.

   _____

5. ¿En qué idiomas fue escrito el título que estaba puesto sobre el Señor Jesús? *(In what languages was the title that was placed above the Lord Jesus written?)*

   El título fue escrito en los idiomas griego, latín y hebreo.

   _____

6. ¿Qué decía el título que estaba sobre el Señor Jesús? *(What did the title say that was over the Lord Jesus?)*
El título decía, "Este es el rey de los judíos".

7. ¿Cómo reprendió uno de los malhechores al otro malhechor que injuriaba al Señor Jesús? *(How did the one malefactor reprimand the other malefactor that was insulting the Lord Jesus?)*
El malhechor reprendió al otro diciendo, "¿Ni aun temes tú a Dios, estando en la misma

condenación? Nosotros a la verdad, justamente padecemos, porque recibimos lo que

merecieron nuestros hechos; mas éste ningún mal hizo".

8. ¿Cuál fue la respuesta del Señor Jesús cuando uno de los malhechores le pidió que se acordara de él? *(What was the reply of the Lord Jesus when one of the malefactors asked Him to remember him?)*
Jesús le dijo, "De cierto te digo que hoy estarás conmigo en el paraíso".

9. ¿Qué pasó cuando era como la hora sexta? *(What happened when it was the sixth hour?)*
Cuando era como la hora sexta, hubo tinieblas sobre toda la tierra, el sol se oscureció,

y el velo del templo se rasgó por la mitad.

10. En la cruz, ¿cuáles fueron las últimas palabras del Señor Jesús? *(On the cross, what were the last words of the Lord Jesus?)*
Él dijo, "Padre, en tus manos encomiendo mi espíritu".

La Palabra que Falta: Lucas 24:1-6 *(The Missing Word: Luke 24:1-6)*

Escriba las palabras que faltan para completar los versos usando una de las palabras del banco de palabras. No todas las palabras son usadas; algunas son usadas dos veces. *(Write the missing word, using one of the words from the word bank. Not all the words are used; some are used twice.)*

acordaron	entre	pararon	sepulcro
aromáticas	está	piedra	tierra
bajaron	estaba	que	tuvieron
cuerpo	estando	resplandecientes	varones
día	hallaron	resucitado	vive
entrando	mujeres	semana	

1 El primer ___día___ de la ___semana___, muy de mañana, vinieron al

___sepulcro___, trayendo las especias ___aromáticas___ que habían

preparado, y algunas otras ___mujeres___ con ellas.

2 Y _____hallaron_____ removida la _____piedra_____ del _____sepulcro_____;

3 y entrando, no _____hallaron_____ el cuerpo del Señor Jesús.

4 Aconteció que _____estando_____ ellas perplejas por esto, he aquí se
_____pararon_____ junto a ellas dos _____varones_____ con vestiduras
_____resplandecientes_____;

5 y como _____tuvieron_____ temor, y _____bajaron_____ el rostro a
_____tierra_____, les dijeron: ¿Por qué buscáis _____entre_____ los muertos al
que _____vive_____?

6 No _____está_____ aquí, sino que ha _____resucitado_____. Acordaos de lo
_____que_____ os habló, cuando aún _____estaba_____ en Galilea.

Composición: Lucas 24:36-40 *(Composition: Luke 24:36-40)*

Escriba cinco preguntas posibles con respuestas del siguiente pasaje. *(Write five possible questions with their answers from the following passage.)*

36 Mientras ellos aún hablaban de estas cosas, Jesús se puso en medio de ellos, y les dijo: Paz a vosotros.

37 Entonces, espantados y atemorizados, pensaban que veían espíritu.

38 Pero él les dijo: ¿Por qué estáis turbados, y vienen a vuestro corazón estos pensamientos?

39 Mirad mis manos y mis pies, que yo mismo soy; palpad, y ved; porque un espíritu no tiene carne ni huesos, como veis que yo tengo.

40 Y diciendo esto, les mostró las manos y los pies.

1. _Questions and answers will vary._ _____
   _____
   _____

2. _____
   _____
   _____

3. _____

_____

_____

4. _____

_____

_____

5. _____

_____

_____

Lección 35: El Pretérito (Lesson 35: Preterite)

Cambie los verbos subrayados del párrafo siguiente al tiempo pretérito. *(Change the underlined verbs from the following paragraph to the preterite tense.)*

¿Te gusta nuestra costumbre de los cascarones? ¿Quieres hacerlos este año?

Deseo decorar diez cascarones esta navidad. Yo me encuentro bien gracias al Señor. Javier y Lidia (mi primo y su esposa) siguen en México. Tal vez temprano saldrán para la frontera. Vienen a encontrar a una familia. Se regresarán con la ayuda del Señor el martes. Vendrán en junio. Vienen por un año. Esto depende del trabajo en México. Javier está a cargo de la escuela para niños. Siempre están muy ocupados. Veo que tu familia va progresando mucho. Saludos a Pablo, Inés, Rosamaría y Marta así como a tus padres. Que el Señor les bendiga.

1.	gustó	8.	regresaron
2.	Quisiste	9.	Vinieron
3.	Deseé	10.	Vinieron
4.	encontré	11.	dependió
5.	siguieron	12.	estuvo
6.	salieron	13.	estuvieron
7.	Vinieron	14.	Vi

Dictado *(Dictation)*

Listen to the passage carefully. It will be read at normal speed several times. Write what you hear on a separate sheet of paper; check spelling and accent marks. If you need to hear the selection again, wait until the teacher asks for questions.

Read the following excerpt from Lección 35, "La Carta de Margarita a Su Amiga Americana Daniela."

Este año no me fue posible enviar tarjetas. Generalmente escribo las notas con tarjetas pero ahora las escribo sin ellas.
¿Te gusta nuestra costumbre de los cascarones?
¿Quieres hacerlos este año?

Lección 36: El Testimonio del Nieto de los Señores Mesura *(Lesson 36: Testimony of Mr. and Mrs. Mesura's Grandson)*

Ejercicio Extra: Cuestionario *(Going Beyond: Questions)*

1. ¿Qué es una iglesia bilingüe? ¿Qué es una Biblia bilingüe? *(What is a bilingual church? What is a bilingual Bible?)*
   Una iglesia bilingüe es una iglesia en que se habla dos idiomas. Una Biblia bilingüe

   es una que está escrita en dos idiomas.

2. ¿Cómo se le llama a una persona que habla tres idiomas? *(What do you call a person who speaks three languages?)*
   A la persona que habla tres idiomas se le llama trilingüe.

3. ¿Cuándo son las reuniones de oración en la iglesia de Alfredo? *(When are the prayer meetings at Alfred's church?)*
   Las reuniones de oración en la iglesia de Alfredo son los miércoles.

4. ¿Por qué la cara de Alfredo estaba pálida? *(Why was Alfred's face pale?)*
   La cara de Alfredo estaba pálida porque su carro fue robado.

5. ¿Por qué el conductor del carro de Alfredo no evitó manejar por la calle del templo? *(Why did the driver of Alfred's car not avoid driving along the street of the church?)*
   Él no evitó manejar por la calle del templo porque este conductor no se robó el carro.

6. ¿Qué sucedió cuando el policía llamó a la estación de policía? *(What happened when the policeman called the station?)*
   Cuando él llamó a la estación de policía de pronto muchos policías rodearon la casa

   del hombre que conducía el carro de Alfredo.

7. ¿Cómo bendijo Dios a Alfredo? *(How did God bless Alfred?)*

Dios bendijo a Alfredo recuperándole su carro y dándole llantas nuevas y

herramientas nuevas.

Composición *(Composition)*

Escriba cinco preguntas posibles con respuestas de la lectura siguiente de Lección 36. *(Write five possible questions with their answers from the following reading from Lesson 36.)*

Todo Tiene Su Tiempo

Miramos a la naturaleza. Observamos el milagro de una rosa que cultiva la tierra. Empieza como un pimpollo pequeño y florece llena de la grandeza, el esplendor y la fragancia de la creación de Dios. Pero la gloria de la rosa no dura mucho tiempo—los pétalos llegan a ser negros y se caen uno por uno a la tierra. Así vemos la muerte de la naturaleza. En conformidad vemos el nacimiento de un bebé, vemos su niñez hasta la adolescencia y el florecimiento de una vida seguida por un anciano y luego el llamado de la muerte.

Nuestra vida se compara con la "neblina que se aparece por un poco de tiempo, y luego se desvanece". Esto significa que nuestra vida es pasajera; nuestra vida pronto acabará. Al ver los cementerios encontramos que la muerte viene a cualquier edad; vemos tumbas de recién nacidos, niños, jóvenes, adultos y ancianos. Pero, ¿qué habrá después de la muerte?

La Biblia nos dice, "y de la manera que está establecido para los hombres que mueran una sola vez, y después de esto el juicio".

Los que pongan su fe en Cristo Jesús tendrán vida eterna en el cielo. Porque Cristo derramó su sangre en la cruz "para que todo aquel que en Él cree, no se pierda, mas tenga vida eterna". Recíbelo hoy mientras hay tiempo.

Si tú ya has recibido al Señor Jesucristo como tu Salvador personal, tu futuro está con Él. Pero, ¿estás creciendo "en la gracia y en el conocimiento de nuestro Señor y Salvador Jesucristo"? ¿Estás compartiendo el mensaje de salvación con los perdidos?

1. *Questions and answers will vary.*

2. _____

3. _____

_____

_____

4. _____

_____

_____

5. _____

_____

_____

Dictado (Dictation)

Listen to the passage carefully. It will be read at normal speed several times. Write what you hear on a separate sheet of paper; check spelling and accent marks. If you need to hear the selection again, wait until the teacher asks for questions.

Read the following excerpt from Lección 36, "El Testimonio del Nieto de los Señores Mesura."

Yo soy el pastor de una iglesia bilingüe en Arizona. Los mensajes se predican en español y en inglés. El pastor que me ayuda se llama Alfredo. Hace dos semanas, por la tarde del miércoles, Alfredo entró a mi oficina y su cara estaba pálida. "¡Mi carro fue robado ahora mismo!" él dijo. Yo sabía que Alfredo necesitaba su carro; en seguida nosotros oramos al Padre celestial.

Photo Credits

The following agencies and individuals have furnished materials to meet the photographic needs of this textbook. We wish to express our gratitude to them for their important contribution.

Suzanne R. Altizer

Bob Jones University Collection

PhotoDisc, Inc.

American Egg Board

Joyce Landis

Unusual Films

Front Cover
Monastery Doors from the Bob Jones University Collection, photo by Unusual Films

Title Page
Unusual Films (top); PhotoDisc, Inc. (all others)

Chapter 1
PhotoDisc, Inc. 3 (all)

Chapter 2
PhotoDisc, Inc. 9

Chapter 3
Unusual Films 22, 24

Chapter 5
PhotoDisc, Inc. 37, 43

Chapter 6
PhotoDisc, Inc. 48; Suzanne R. Altizer 50

Chapter 7
Unusual Films 57, 59

Chapter 8
PhotoDisc, Inc. 63; Unusual Films 68

Chapter 9
PhotoDisc, Inc. 73, 79

Chapter 10
PhotoDisc, Inc. 87; Joyce Landis 89; Unusual Films 97

Chapter 11
PhotoDisc, Inc. 101; Joyce Landis 104

Chapter 12
PhotoDisc, Inc. 111; American Egg Board 120